U0369095

作业可以这样设计
小学数学

主　编　姚铁龙

副主编　凌华金　周　玲

参　编　（按姓氏音序排列）

高紫微　黄　涛　廖少亮　林永荣

刘绿音　马院萍　吴雪琪　肖江平

机械工业出版社
CHINA MACHINE PRESS

本书主要面向小学数学教师，但不限于小学数学教师，以作业设计为中心，呈现多位一线教师小学数学作业设计案例。作业设计内容涵盖小学数学全学段，分为游戏类、操作类以及生活情境类三大类型，即"玩中学""做中学""用中学"。每个案例都详细阐述了作业目标、作业属性、设计内容和思路以及评价方式。

这本书能给小学数学教师带来更多的作业设计灵感，让他们今后布置的作业更加突出数学核心素养导向，更加注重能力以及覆盖基础知识，更具有综合性和应用性，能帮助小学数学教师由布置作业向设计作业转变，提高小学数学教师作业设计能力以及命题能力，从而以数学作业设计为载体，落实立德树人的教育根本任务。

图书在版编目（CIP）数据

作业可以这样设计. 小学数学 / 姚铁龙主编.
北京 : 机械工业出版社，2024. 10. -- ISBN 978-7-111-76886-9

Ⅰ. G623
中国国家版本馆CIP数据核字第20244Z8V41号

机械工业出版社（北京市百万庄大街22号　邮政编码100037）
策划编辑：熊　铭　　　　　责任编辑：熊　铭　李　叶
责任校对：郑　雪　张　薇　责任印制：李　昂
北京捷迅佳彩印刷有限公司印刷
2025年1月第1版第1次印刷
184mm×260mm · 23.5印张 · 403千字
标准书号：ISBN 978-7-111-76886-9
定价：99.00元

电话服务　　　　　　　　　网络服务
客服电话：010-88361066　　机　工　官　网：www.cmpbook.com
　　　　　010-88379833　　机　工　官　博：weibo.com/cmp1952
　　　　　010-68326294　　金　书　网：www.golden-book.com
封底无防伪标均为盗版　机工教育服务网：www.cmpedu.com

长期以来，很多一线教师在日常教学中往往重视作业批改，轻视作业设计，对于作业布置喜欢"拿来主义"。作业也会存在这样一些现象，如总量控制不住，形式比较单一，实践性、开放性和趣味性不足以及作业内容指向不明，难度把握不当，等等。随着2021年"双减"政策的出台，为了更好地实现减负增效，提高课堂教学效率、减轻学生作业负担已经成为一种教育必然。要想减轻学生的作业负担，作业必须要控制数量、提高质量，为学生提供更多的选择，满足学生的个性化学习需求，这就要求教师必须要由布置作业向设计作业转变。现在越来越多的教师提高了对作业的认识，认识到作业本质是一种学生的自主学习活动，作业不仅有认知功能，还有育人功能、发展功能和评价功能。必须要改变"依靠记忆理解概念""依靠简单重复训练形成技能"的做法。

如何设计出高质量的数学作业，成了老师们的困惑。为了推进数学课程改革，改进教学评价，发展学生核心素养，深圳市福田区数学教研团队依据《义务教育数学课程标准（2022年版）》（以下简称"新课标"）构建了作业设计框架，形成了作业设计的标准和策略，创新了作业形式，研制了作业样例，让作业陪伴孩子健康成长。为了推广作业研究成果，教研团队将区域内100例优秀作业设计案例编写成《小学数学作业设计100例》电子资料供广大小学数学教师免费使用，电子资料推出后受到教育界众多人士的喜爱，访问量更是高达11万次。应广大教师的要求，本书是该电子资料修改后的正式出版物。

本书主要面向小学数学教师，但不仅限于小学数学教师，以作业设计为中心，汇集了一线优秀的小学数学教师的作业设计案例。作业设计内容涵盖小学数学全学段，分为游戏类、操作类以及生活情境类三大类别，对应着"玩中学""做中学""用中学"的教学理念。每个案例都详细阐述了作业目标、作业属性、设计内容和思路以及评价方式。通过阅读本书，小学数学教师可以深入了解作业设计的理念和方法，为自己的教学实践提供有益的参考和启示。这本书能给小学数学教师带来更多的作业设计灵感，让他们今后布置的作业更加突出数学核心素养导向，更加注重能力以及覆盖基础知识，更具有综合性和应用性。它可以帮助小学数学教师从简单的作业布置者转变为精心的作业设计者，提升小学数学教师的作业设计能力和命题能力，更好地满足学生的需求。通过作业这一载体，落实立德树人的教育根本任务。

在编写本书的过程中，我们力求做到理论与实践相结合，不断反思与总结，并进行修改，使内容既具有可读性，又具有实用性和指导性。我们希望本书能够帮助广大教师更好地理解和掌握作业设计的技巧和方法，不断地创新作业形式和内容，以真实情境为载体，贴近生活、联系社会实际，帮助学生更好地解决数学问题，从而提高教学质量和效果。

因作者水平有限，对小学数学作业设计的研究与实践尚处于探索阶段，请读者批评指正。同时，我们也期待读者能够通过阅读本书，提出宝贵的意见和建议，共同推动小学数学教育的发展。

姚铁龙

2024 年 1 月

目录

前　言

第一篇
玩中学

第二篇
做中学

第三篇
用中学

第一篇
玩中学

数字翻翻乐
——10 以内数的大小比较和加减法

作业目标

- 在制作"数字翻翻乐"的过程中，巩固数字 0~10 的书写，能用对应数量的图案表示 0~10 各数，知道 0~10 各数的顺序。
- 在师生互动、生生互动、亲子互动、独立思考中，巩固 10 以内数的大小比较、加减法，并感悟 10 以内数的大小、加减法之间的联系。
- 在玩"数字翻翻乐"的过程中，锻炼大脑与手的协调性，提升数感，提高观察、听读能力，发展运算能力，初步培养数学学习兴趣。

作业属性

作业类型

书面作业 □   非书面作业 ☑   课时作业 ☑   单元作业 □

作业功能

课前预习 □   课堂练习 ☑   课后复习 ☑   单元复习 □

适用学段

义务教育第一学段（1~2 年级）

设计内容和思路

设计内容

亲爱的同学，你见过"数字翻翻乐"吗？请根据下面的提示制作一个"数字翻翻乐"，快去尝试吧！

一、准备活页本

准备 1 本活页本，选择其中的 12 页。

二、制作过程

第 1 步：按照一定的间距将活页本的每一页分成 5 份并沿虚线剪开，如图 1–1 所示。

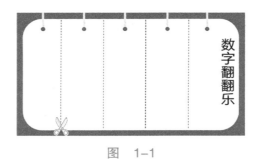

图 1–1

第 2 步：按照下面的格式填写"0~10"11 种数字、"＋、−"2 种运算符号、"＞、＝、＜"3 种关系符号，如图 1–2 所示。

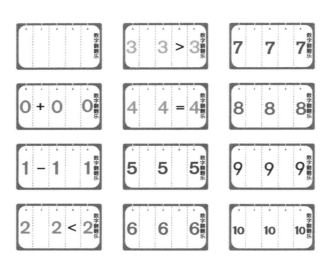

图 1–2

第 3 步：在每个数字下面添加对应数量的图案（数形结合），如图 1-3 所示。

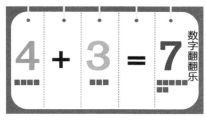

图　1-3

三、使用方法

玩法 1 ‧ 我说你翻

游戏规则：一个学生说出算式，其他学生翻出对应的算式，并把结果翻出来，看谁翻得又快又准确。

游戏示范：一个学生说"4+3=（　　）"，其他学生快速在"数字翻翻乐"的第 1 列翻到"4"，第 2 列翻到"+"，第 3 列翻到"3"，第 4 列翻到"＝"，把算式的结果一同翻出来，即第 5 列翻到"7"，如图 1-4 所示。

图　1-4

> ### 设计意图
>
> "我说你翻"可以在同桌间、小组内、全班中开展，多种互动方式充分给学生提供展示平台，人人都有机会当小老师出题考考同学，培养学生的自主性（我说）同时可以锻炼学生的听题、动手操作能力，提升运算能力，发展大脑与手的协调性（你翻）。
>
> ### 核心素养
>
> 数感　运算能力

玩法 2 — 我翻你说

游戏规则：一个学生翻出算式，其他学生思考后，快速举手说出对应算式和算式结果。

游戏示范：一个学生翻出"9–（ ）=5"，其他学生快速口算出结果，并说出"9–（4）=5"，如图 1-5 所示。

图 1-5

设计意图

"我翻你说"适用于多种互动方式，在"我翻"的环节可以帮助学生实现对所学知识的巩固、应用和转化；在"你说"的环节不仅可以检验学生回答的准确性，同时还可以检验回答的速度，在竞争中激发他们的学习兴趣。

核心素养

数感 运算能力

玩法 3 — 独立思考

游戏规则：学生可以根据"玩法 1"和"玩法 2"进行角色扮演，自己出题自己答，或者独立巩固在学校学习的知识。

游戏示范：请边翻边说出所有得数是"8"的加减法算式，如图 1-6 所示。

图 1-6

设计意图

"数字翻翻乐"可以与"口算练习册"相媲美，它改变了书面作业的形式，课后学生通过独立思考、操作、探索等方式来巩固所学的知识，不仅可以帮助学生提升运算能力，发展数感，还能帮助他们开发逻辑思维能力，丰富思考方式，提升综合素养。

核心素养

数感　运算能力

设计思路

小学刚入学阶段，学生的数感、运算能力等核心素养发展参差不齐，对加减法算理的理解不够深刻，对算式的联系感知较少。结合"双减"政策，我设计了"数字翻翻乐"这款游戏化作业，将作业形式改为游戏的方式，不依靠增加作业的量，而是以游戏为载体帮助不同的学生在不同水平上提高运算能力，发展数感，为学生营造一个更快乐的学习环境。

进一步思考

"数字翻翻乐"通过改编后还适用于其他内容，比如10以内数的混合运算、20以内数的加减法、100以内数的大小比较……还可以将其设计原理迁移到其他学科，比如将数字替换成声母、韵母、整体认读音节，辅助学生学习拼音（语文），如图1-7所示；将数字替换成字母、组合音节等，辅助学生掌握自然拼读的方法（英语），如图1-8所示。

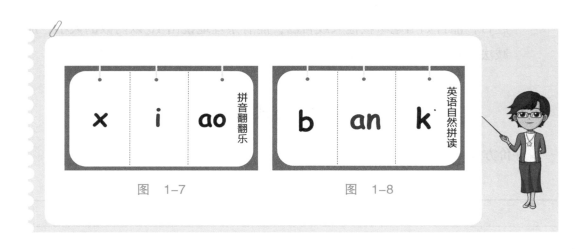

图 1-7 图 1-8

评价标准和方式

评价标准

✔ **10 以内数的大小比较基本题型列举**

A. 3 ○ 4   B. （　　）< 4   C. （　　）>（　　）

D. 4+3 ○ 6   E. 4+6 ○ 7+3

✔ **10 以内数的加减法基本题型列举**

A. 3+4=（　　）   B. 7−3=（　　）   C. 3+（　　）=7

D. 7−（　　）=3   E. （　　）−3=4

● **基本达标**：学生基本能比较出 10 以内数的大小以及算出 10 以内数的加减法题目，但如果对 4+3 ○ 6、4+6 ○ 7+3、7−（　　）=3、（　　）−3=4 等题型思考较久，则属于基本达标。

● **掌握良好**：学生能快速比较出 10 以内数的大小以及算出 10 以内数的加减法题目，则属于掌握良好。

● **表现优秀**：学生能快速比较出 10 以内数的大小以及口算 10 以内数的加减法题目，并能自如出题考核他人或自己，则属于表现优秀。

● **特别出彩**：学生能快速比较出 10 以内数的大小以及口算 10 以内数的加减法

题目，能自如出题考核他人或自己，能有条理地说出 10 以内数的大小、加减法之间的联系，并能改编作业或设计新的玩法，则属于特别出彩。

评价方式

评价方式见表 1–1。

表　1–1

学生自评			
基本达标 □　掌握良好 □　表现优秀 □　特别出彩 □			
家长评价			
评价内容	优秀	良好	继续努力
1. 掌握"数字翻翻乐"的玩法			
2. 遇到困难时能主动思考			
3. 玩"数字翻翻乐"的积极性			
综合评价			
教师评价			
基本达标 □　掌握良好 □　表现优秀 □　特别出彩 □			
备注：在合适的等级评价中打"√"			

［设计者：李倩萍 / 深圳市福田区上步小学］

小小脑袋"转"起来，
快乐数学"动"起来
——上下、左右实践作业

作业目标

通过闯关游戏的形式，让学生体会上下、左右的位置与顺序，准确地判断与描述，并能够在生活中运用，从而培养学生的空间观念。

作业属性

作业类型

书面作业 ☑ 非书面作业 ☑ 课时作业 ☑ 单元作业 □

作业功能

课前预习 ☑ 课堂练习 ☑ 课后复习 ☑ 单元复习 □

适用学段

义务教育第一学段（1~2 年级）

设计内容和思路

设计内容

> 嗨,我是鹏鹏队长!最喜欢和小朋友们一起闯关了。

按照下面的步骤完成准备工作,看看同学们的动手操作能力!

第1步:画出 9 种你们喜欢的小动物头像,如:小青蛙、小狗、小猫等,然后用彩笔涂上你们喜欢的颜色,再用剪刀把它们一个个剪下来。

第2步:用纸板绘制一个九宫格。

第3步:把准备好的 9 种小动物头像"送"到九宫格中(可以任意地摆放)。

第一关 护送回家,判断位置

如图 1-9 所示,描述并判断九宫格中小动物们的上下位置关系。小猫的下面有( )只小动物;小猪的上面是( );小牛的下面是( );小熊的下面是( )和( );小青蛙的下面、小狮子的上面是( )。

图 1-9

> **设计意图**
>
> 第一关:从不同的角度判断小动物们的上下位置关系。
>
> 对于刚入学的一年级学生来说,他们最喜欢绘画了,数学与美术的巧妙融

合，更能激发学生们实践活动的参与性、体验性。

第二关 **小动物捉迷藏**

如图 1-10 所示，小动物们玩捉迷藏，一格一格地走，小鸡找到了谁？它是怎么走的？和小伙伴说一说吧。小鸡先向上移动 2 格，再向右移动 2 格，就找到小青蛙了；或者小鸡先向右移动 2 格，再向上移动 2 格，也能找到小青蛙。小提示：小动物的位置是可以随时变换的，藏起来的小动物可以用纸片盖上示意，你也可以向小伙伴提出与前面类似的数学问题。

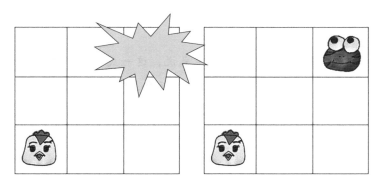

图　1-10

哇，同学们太棒啦！

设计意图

第二关：稍有点难度。通过小动物捉迷藏游戏——如何找到另外一只小动物，不仅训练了学生们对上下、左右位置的空间观念的感知能力，而且也培养了学生们的语言表达能力，进而提升他们的思维能力。

核心素养

空间观念　应用意识

第三关 排队中的学问

九宫格中的小动物们开始排队了。瞧，它们排起了整齐的队伍，如图 1–11 所示。

图 1–11

可以这样设置问题：

从左数， 排第（　　）；从右数， 排第（　　）。

 的右边是（　　）， 的左边是（　　），🦁 的左边是（　　）。

设计意图

第三关：对于刚入学的一年级学生来说，这一关是有一定难度的，需要他们不断地在实践操作活动中感悟判断左右的标准，左手是左边，右手是右边。同时，还需要理解与自己面对面的人或动物的左右是相对的，可以看成和自己的左右方向相反。此外，位置并不是固定的，而是相对的，参照物不同，位置的描述就不同。

核心素养

空间观念　应用意识

第四关 思维之脑洞大开

? 同学们要动脑思考呦！

如图 1–12 所示，回答下面问题。

（1）小猴子的左边有 4 只小动物，右边有 4 只小动物，一共有几只小动物？

（2）小猴子从左边数排第 5 个，从右边数排第 5 个，一共有几只小动物？

（3）从左边数小青蛙排第3，小狮子排第9，它们之间有几只小动物？

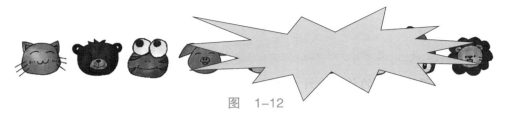

图　1-12

设计意图

第四关：在能正确判断左右位置关系的基础上，可以用数形结合的方法画一画，解决有挑战的数学问题。培养学生们的思考探究能力，进而达到思维能力的逐步提升。

核心素养

空间观念　应用意识

设计思路

根据"新课标"要求，学生经历数学学习的运用、实践探索活动的经验积累，对数学逐步产生好奇心、求知欲，以及对数学学习的兴趣和自信心，初步养成独立思考、探索质疑、合作交流等学习习惯。

这是北师大版《数学　一年级　上册》第五单元"位置与顺序"的内容——前后、上下、左右——学完之后的实践型作业。我以爱挑战的鹏鹏队长为引领，带着小朋友一起闯关。而画画、涂色又是一年级学生喜闻乐见的活动。于是将数学和美术学科进行了融合，不限制学生们的想象力，他们喜欢什么动物头像就画什么动物头像，这样更能激发学生们的探究与实践的兴趣。将闯关游戏融入其中，闯关的设计符合学生的认知发展规律，从易到难，有层次、有梯度，加深学生对上下、左右位置与顺序的空间观念的感悟，进而提升学生们的思维品质。整个实践型作业可以用相机拍下来，记录学生美好的瞬间，并分享给更多的人。

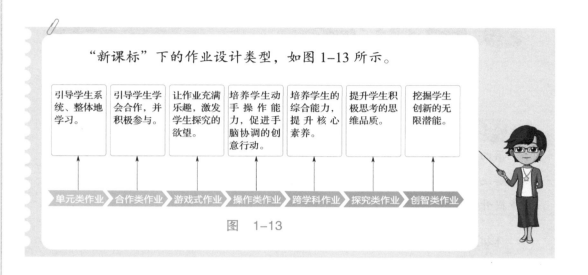

进一步思考

"新课标"下的作业设计类型，如图1-13所示。

| 引导学生系统、整体地学习。 | 引导学生学会合作，并积极参与。 | 让作业充满乐趣，激发学生探究的欲望。 | 培养学生动手操作能力，促进手脑协调的创意行动。 | 培养学生的综合能力，提升核心素养。 | 提升学生积极思考的思维品质。 | 挖掘学生创新的无限潜能。 |

单元类作业 ▶ 合作类作业 ▶ 游戏式作业 ▶ 操作类作业 ▶ 跨学科作业 ▶ 探究类作业 ▶ 创智类作业

图 1-13

评价标准和方式

小朋友们太棒啦！恭喜你们闯关成功，荣获"小达人"称号！

评价标准

学生动手制作九宫格，绘制小动物头像，并涂上自己喜欢的颜色。完成后，根据不同环节的表现，鹏鹏队长会给予相应的贴纸奖励：把小动物头像"送"入九宫格，奖励5枚贴纸，第一关过关奖励2枚贴纸，第二关过关奖励3枚贴纸，第三关过关奖励4枚贴纸，第四关过关奖励5枚贴纸。如果累计获得19枚贴纸，则荣获"完美小达人"称号；获得10~14枚贴纸，荣获"棒棒小达人"称号；获得5~7枚贴纸，荣获"积极小达人"称号。具体奖励规则见表1-2（明德海豚币也可以换成其他奖励）。

表　1-2

贴纸数量（枚）	19	10~14	5~7
荣获称号	完美小达人	棒棒小达人	积极小达人
明德海豚币（元）	10	5	2

评价方式

学生完成"上下、左右"实践作业后，教师可以组织征集作业照片或视频，在学习小组及全班进行展示交流，并通过学生自评及家长评价等方式进行作业评价，见表 1-3。根据作业贴纸的数量，教师进行"小达人"称号颁布并给予奖励。

表　1-3

学生自评	
在这次"上下、左右"实践型作业中，我的表现是：	评价填写（A、B 或 C）
1.认真地绘制动物头像，准备工作出色完成	
2.学会了判断上下、左右的位置关系，并表达清晰	
3.在"思维之脑洞大开"游戏中，我的闯关活动越闯越勇，思维得到提升	

备注：A——优秀，B——良好，C——需要努力

家长评价			
评价内容	优秀	良好	继续努力
1.完成这份实践型作业的积极性			
2.在闯关中能够准确地描述上下、左右的位置关系			
3.综合能力的总体表现			

备注：在合适的等级评价中打"√"

[设计者：陈丽丽 / 深圳明德实验学校（集团）香蜜校区]

位置大闯关
——上下、前后、左右实践作业

作业目标

- 通过摆一摆、走一走、说一说等实际操作的方式,巩固上下、前后、左右的位置关系,熟练掌握描述物品位置的方法,加深对参照物和位置相对性的理解。
- 在亲子互动、独立思考、动手实践、积极表达中,培养有序思考、清晰表达、细心观察的能力。
- 在闯关游戏中快乐学习,培养按照一定顺序进行观察的习惯,体会到生活中处处有数学,激发数学学习兴趣。

作业属性

作业类型

书面作业 □   非书面作业 ☑   课时作业 □   单元作业 ☑

作业功能

课前预习 □   课堂练习 □   课后复习 □   单元复习 ☑

适用学段

义务教育第一学段(1~2年级)

设计内容和思路

设计内容

你会分辨方向吗？邀请你和爸爸妈妈一起参加"位置大闯关"游戏，相信你一定行。快来试试吧！

第一关 猜猜我是谁

小朋友，你能分清"前后"吗？根据提示，猜猜"我"是什么数字吧！每答对一道题获得 1 颗★！

①我在 4 的后面，6 的前面，我是（　　）。

②我在 5 后面第 2 个，我是（　　）。

③我在 9 前面第 3 个，我是（　　）。

④我是单数，在 3 的后面，7 的前面，我是（　　）。

⑤照样子，出一道题考考爸爸妈妈吧！

本关获得了（　　）颗★，你真棒！

设计意图

通过亲子游戏，让家长在游戏中引导学生说一说，在巩固"前后"概念的同时，特别设计和数字相关的游戏内容，加深学生对数字的理解与运用。学生和爸爸妈妈一起玩游戏，能激发学生的学习热情，初步感知生活中的位置与顺序。

核心素养

空间观念　应用意识

第二关 说说我在哪儿

小朋友，你能用"前后"说一说下面这些数字的位置吗？如：8 在 7 的后面第 1 个，在 10 的前面第 2 个……每个数字能说出 2 种描述位置的方法获得 1 颗★，能说出 4 种及以上方法获得 2 颗★。你可以通过视频、录音、文字的方式记录哦！

①4   ②7   ③0   ④10

本关获得了（　　）颗★，继续加油！

设计意图

前后的相对性是"前后"这一知识点的重难点，本关与数字结合，通过游戏的形式让学生用"前后"描述数字的位置关系，加深对"谁在谁的前面、谁在谁的后面"这一叙述的理解，感悟前后的相对性。

核心素养

空间观念　应用意识

第三关　我会听指令

小朋友，你的反应快吗？本关考考你的反应！请你根据爸爸妈妈的指令，迅速做出相应的动作，每做对一个动作获得1颗★。

指令1：请站到我的前面。

指令2：请往前走3步。

指令3：请往左走2步。

指令4：请往右走4步。

指令5：请往后走3步。

家长提问：现在你在我的（左、右）边？（或者让孩子说一说自己站在什么位置，答对获得1颗★。）

本关获得了（　　）颗★，真厉害！

设计意图

通过自身体验，让学生在实际走一走、想一想、说一说的过程中，感知前后左右的具体方向，理解前后左右的相对性，让学生运用所学的数学知识做出行动，感受数学的趣味性和实际意义。同时，让学生说一说自己的位置，用数学的语言进行表达，落实核心素养。

核心素养

空间观念　应用意识

第四关 我会巧整理

小朋友，整洁的书桌能让我们的学习效率更高哦！仔细听爸爸妈妈的指令，整理自己的书桌吧！每做对一个指令获得 1 颗★。

指令 1：把数学书放到桌子的中间。

指令 2：把数学练习册放到数学书的上面。

指令 3：把语文书放到数学书的左边。

指令 4：把英语书放到数学书的右边。

指令 5：把语文练习册放到语文书的下面。

指令 6：把英语练习册放到英语书的上面。

指令 7：把文具盒放到数学练习册的上面。

你整理得真好，把你的整理结果拍照记录下来吧！请选择你喜欢的书，说一说它的位置吧，每说对一本书的位置可以获得 1 颗★哦！把你的讲解过程用视频记录下来吧！

本关获得了（　　）颗★，太棒啦！

设计意图

结合学生的日常生活，让学生听家长的指令整理书桌。从生活中常见的物品入手，让学生明白，确定位置与顺序是实际生活的需要，能够便于日常的物品位置沟通和摆放。帮助学生体验数学知识的实际意义，让学生在游戏中利用"上下、前后、左右"等方位词整理物品，加深对描述物品位置时需要找参照物的理解。最后，让学生自己说一说物品的位置，锻炼其清晰、准确地描述物品位置的能力。

核心素养

空间观念　应用意识

第五关 我会找方向

家是温暖的港湾，你熟悉你的家吗？请你通过录视频的方式向其他同学介绍你的家，说一说从阳台走到厨房、从客厅走到卧室的路线，每说对一条路线获得 3 颗★。

本关获得了（ ）颗★，你真会思考！

设计意图

选择学生熟悉的家庭环境，让学生通过实际体验，走一走、说一说，在亲子互动的过程中巩固前后左右的知识，在运用数学知识的过程中，感受数学和生活的联系，并且学会把课堂所学的知识迁移应用到实际生活之中，激发学生的数学学习热情，促进学生深度学习，培养学生的数学眼光、数学思维和数学表达能力。

核心素养

空间观念　应用意识

 恭喜你闯关成功！算一算，你一共获得了（ ）颗★。

设计思路

位置大闯关思维导图，如图 1-14 所示。

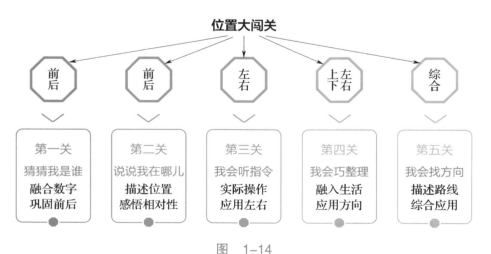

图 1-14

根据"新课标"要求，小学数学教育要让学生获得适应未来生活和进一步发展所必需的数学基础知识、基本技能、基本思想、基本活动经验。而"位置与顺序"单元是实践性非常强的模块，要设计课外的实践活动，让学生在动手操作、实践活动中积累基本活动经验，巩固基础知识、基本技能，渗透基本思想。

学习前后、上下、左右不仅仅需要学生能准确地确定物品的位置，更重要的是在学习的过程中发展学生的空间观念。根据学生的学情，我们设计了"位置与顺序"单元的亲子游戏"位置大闯关"。通过五个关卡融合数字顺序的知识点帮助学生在实践和表达中感受位置、描述位置。五个环节层层递进，包含了"位置与顺序"单元中的前后、左右、上下的所有知识点，在游戏的过程中培养学生的空间观念，让他们学会有序思考，进而培养他们的逻辑思维能力。

进一步思考

老师们还可以结合闯关游戏，进行课堂游戏化单元复习，也可以结合校园地图、教学楼地图等素材，引导学生应用"上下、前后、左右"的知识进行位置的描述。

评价方式

学生的"位置大闯关"实践作业可以通过征集作业照片或视频，在学习小组及全班进行展示交流，并通过学生自评及家长评价等方式进行作业评价，见表1-4（给每项后面的☆涂上颜色，涂满5个为做得最好）。

表 1–4

学生自评	
评价内容	评价之星
1. 我能分辨"上下"，并用"上下"描述位置	☆ ☆ ☆ ☆ ☆
2. 我能分辨"左右"，并用"左右"描述位置	☆ ☆ ☆ ☆ ☆
3. 我能分辨"前后"，并用"前后"描述位置	☆ ☆ ☆ ☆ ☆
4. 我能综合应用"上下、左右、前后"描述位置和路线	☆ ☆ ☆ ☆ ☆
5. 本次闯关游戏，请给自己一个综合评价	☆ ☆ ☆ ☆ ☆

家长评价			
评价内容	优秀	良好	继续努力
1. 完成任务积极，能主动思考			
2. 遇到困难不气馁，能及时调整			
3. 语言表达规范，有条理			

备注：在合适的等级评价中打"√"

［设计者：杨欣雨 / 深圳市福田区外国语学校香蜜校区］

扑克对对碰
——20 以内数的加法和不退位减法

作业目标

- 通过非书面作业形式，感受数学与生活的密切联系，让学生爱上数学并享受学习数学的乐趣。
- 体会与理解数学的思想方法，培养学生运用所学知识解决问题的能力。
- 从小培养数学思维，提升计算能力。
- 初步培养合作意识和竞争意识，增强亲子关系。

作业属性

作业类型
书面作业 □　　　非书面作业 ☑　　　课时作业 □　　　单元作业 ☑

作业功能
课前预习 □　　　课堂练习 □　　　课后复习 ☑　　　单元复习 ☑

适用学段
义务教育第一学段（1~2 年级）

设计内容和思路

设计内容

数学启蒙扑克牌游戏：20 以内数的加法和不退位减法 —— 扑克对对碰。

玩法介绍：

（1）准备一副扑克牌。分别取出 4 个 A，4 个 2，4 个 3，4 个 4，4 个 5，按红黑分组，每组 5 张红 5 张黑。

（2）家长为一方，学生为一方，每人手里拿一组，即 10 张牌，5 张黑色牌 1~5，5 张红色牌 1~5。

第一关

游戏说明：家长出 2 张牌 1+2，孩子出 3，并报出得数是 3，答案正确，此关通过。

说明：双方出牌时，一定要大声地喊牌。这样做一是为了引起对方注意，并培养孩子对数字的敏感度；二是孩子听到家长出牌后，会先计算家长出牌的得数，同时计算自己手里的牌的得数。如果家长出 2 张牌"1"和"2"，孩子可以出 1 张牌"3"，也可以出 2 张牌"1"和"2"，只要答案相同就算过关。

设计意图

通过具体的实践操作，调动了学生的手、耳、眼、口等多个感官，将抽象的数学计算转化成直观的实践操作，寓教于乐，且寓乐于教，初步培养学生的合作交流意识，体验数学与生活的密切联系，促进学生的情感态度和价值观发展。

核心素养

数感　运算能力　数据意识　应用意识

第二关

游戏说明：家长出 3 张牌 3+3+1，孩子先出了 4+2，然后计算家长的牌，发现自己出的牌得数不对，可以再出 1；或者马上把 4+2 收回，重新又出 5+2，并报出得数是 7，答案正确，此关通过。

说明：如上题一样，孩子可以出 4+2+1，可以出 5+2，可以出 3+4，也可以出和家长相同的 3+3+1。

设计意图

一年级学生好奇、好动，他们的思维特点是形象思维能力较强，在进行"20以内数的加法和不退位减法"单元教学后，我们紧密联系学生的生活实际，从学生的经验和已有的知识出发，激发学生探究的兴趣，为此，我们布置了非书面亲子作业"扑克对对碰"。通过实际操作，让学生感知、体验，并感受数学算法的多样性，从而培养学生的发散思维能力。

核心素养

数感　运算能力　数据意识　应用意识

第三关

游戏说明：家长出 1+5+3+2，孩子出 5+5+1，并报出得数 11，答案正确，此关通过。

说明：家长出牌后（多于 3 张牌，或者得数大于 10 的数字），要给孩子留有计算的时间，不要催，耐心等待孩子出牌。当孩子出牌错误时，可以和孩子一起计算家长手里牌的得数。在计算过程中，孩子会逐渐发现并调整自己的牌；当孩子报出的得数正确时，家长要及时给予肯定和鼓励，如击掌、竖起大拇指或用眼神表达肯定！

游戏补充说明

游戏可以 2 人玩，可亲子互动，也可多人玩，同时注意：

初次玩，不限制孩子出牌时间，允许孩子悔牌，允许换牌；允许只玩第一关，慢慢才升级到第二、第三关。当孩子第一次不会玩时，父母和家人先做示范，带着孩子先从 5 以内的玩起，根据孩子在学校的学习进程随时调整，如学到 7、8 时，就把得数调整到 7 或 8，根据孩子的进度，再慢慢调整到 10 以内或 20 以内。

在游戏过程中，可以教孩子数字的分成，或者不同的计算窍门，孩子们最初的速度可能比大人慢，等熟练之后，家长们就会惊叹不已了。孩子们出牌可以和家长一致，也可以不一致，相信孩子们会有更多惊喜呈现出来。

设计意图

　　紧密联系学生的生活实际，在现实生活中寻找数学题材，让数学贴近生活，让学生在生活中能看到数学、感受到数学，培养学生学习数学的兴趣。本作业设计注重家校合作、共同参与的过程，以游戏形式开展，让学生感悟数量的变化，培养他们的竞争意识和解决问题能力，激发他们的兴趣，让他们在玩中学，在学中玩。

核心素养

　　数感、运算能力、数据意识、应用意识

设计思路

　　"新课标"学业质量标准中第一学段（1～2年级）学业质量描述中提到，通过操作、游戏、制作等丰富多彩的活动，学生对数学产生一定的好奇心，形成学习数学的兴趣和初步的合作交流意识与独立思考的学习习惯。

　　"20以内数的加法和不退位减法"实践作业的设计，是在一年级上学期使用北师大版《数学》的学生已经学习了第三单元"加与减（一）"，掌握了10以内加法以及学完第七单元"加与减（二）"，掌握了20以内加法知识的基础上，通过让学生与家长完成"扑克对对碰"的游戏作业，引导学生用数学的眼光去观察、发现、思考、操作，巩固所学知识，养成良好的思维习惯，同时提升思维品质，感受数学与生活的紧密联系，培养学生的应用意识。

进一步思考

　　老师和家长朋友们还可以开展减法练习。建议学生在20以内加法熟练之后，再进行减法的练习。同样是用扑克牌，这时需要提醒孩子，不是将两张牌上面的点数合起来，而是用多的点数减去少的点数。一年级学生可以采用遮盖的方法练习减法，即用大的数字牌遮住小的数字牌上相应的点数，数剩下来的点数。

评价标准和方式

评价标准

"20 以内数的加法和不退位减法"的相关答案具有多样性和灵活性，家长可以根据学生个人的学习情况和数学学习的进度进行灵活调整，让学生真正在玩中学，在学中玩。

第一关 范例如图 1–15 所示。

图　1–15

第二关 范例如图 1–16 所示。

图　1–16

第三关 范例如图 1–17 所示。

图　1–17

第一篇　玩中学

评价方式

通过填写评价表，提高孩子完成非书面作业的积极性，激发学生参与游戏的热情和学习数学的内在需求，感受数学学习的多样化方法，从而实现"减负"与"高效"的平衡，评价方式见表1–5。

表　1–5

学生自评	
评价内容	评价填写（A、B或C）
1. 你喜欢第一关的游戏吗	
2. 你喜欢第二关的游戏吗	
3. 你喜欢第三关的游戏吗	
4. 请针对这次非书面作业，给自己一个综合评价	

备注：A——优秀，B——良好，C——需要努力

家长评价					
方案	游戏时间	参与人数	胜利次数	心情指数（A、B或C）	父母寄语
第一关					
第二关					
第三关					

备注：A——优秀，B——良好，C——需要努力

[设计者：郑贝贝 / 深圳市福田区园岭外国语小学]

校服上的纽扣
——分一分与除法

作业目标

- 在操作活动中积累分物经验，体会平均分的含义。
- 能正确说出除法算式和算式中各部分的名称。
- 在情境素材中感受数学与现实的密切联系，能用数学的眼光发现身边的数学问题。
- 在录制分享视频的过程中锻炼语言表达能力。

作业属性

作业类型 ✎
书面作业 ☐　　非书面作业 ☑　　课时作业 ☐　　单元作业 ☑

作业功能 ✎
课前预习 ☐　　课堂练习 ☐　　课后复习 ☑　　单元复习 ☑

适用学段 ✎
义务教育第一学段（1~2年级）

设计内容和思路

设计内容

同学们，你们知道校服上的纽扣数量吗？今天，我们来玩给校服"钉纽扣"的游戏吧！

游戏准备：25 颗纽扣或 25 个小圆片。

游戏一

有 10 颗纽扣，要钉在 5 件运动服上，平均每件运动服上钉几颗？

1. 摆一摆：拿出 10 颗纽扣，在图 1-18 中分一分、摆一摆。

2. 说一说：

① 平均每件运动服上钉（　　）颗纽扣。

② 除法算式是_____。

图 1-18

设计意图

通过现实素材把学生带到日常生活的情境中，让学生有亲切感。通过动手摆一摆的操作活动让学生对"平均分成几份"有深刻理解；在说一说的过程中，锻炼学生的语言表达能力。

核心素养

数感　运算能力

再增加 5 颗纽扣,还是钉在 5 件运动服上,平均每件运动服上钉几颗?

1. 摆一摆:用纽扣在图 1-19 中分一分、摆一摆。

2. 说一说:

① 平均每件运动服上钉( )颗纽扣。

② 除法算式是_____,算式中的 3 个数字分别表示什么意思?

图　1-19

设计意图

　　这个游戏的要求稍有提高,鼓励学生在"平均分成几份"的时候,尝试不同的分法。如:将 15 颗纽扣进行平均分,可以 1 颗 1 颗地分或者 3 颗 3 颗地分;还可以在"游戏一"的基础上,直接将增加的 5 颗纽扣平均分成 5 份。

核心素养

　　数感　运算能力　符号意识

游戏三

每件外套需要 5 颗纽扣,20 颗纽扣可以钉几件外套?

1. 摆一摆:拿出 20 颗纽扣,在图 1-20 中分一分、摆一摆。

2. 说一说:

① 你能用下面的话来表述你的分法吗?

"先拿 5 颗纽扣,钉 1 件外套,再拿( )颗,钉 1 件外套……像这样,每次拿( )颗纽扣钉 1 件外套,一共拿了( )次,就可以钉( )件外套"。

② 除法算式是_____,并说一说算式中各个数字表示的意思。

图　1-20

体会并且能用语言表述"每几个为一份"的分法。

核心素养

模型意识

游戏四

如果每件衬衫需要 6 颗纽扣，24 颗纽扣可以钉几件衬衫？

1. 摆一摆：拿出 24 颗纽扣，在图 1-21 中分一分、摆一摆。

2. 说一说：把你的想法说给大家听。

图　1-21

设计意图

　　加深理解"每几个为一份"的分法。在没有给出表达框架的时候，鼓励学生学会自由表达，并注重表达的条理性。

核心素养

应用意识

拓展游戏·挑战自我 （选做）

　　每件衬衫需要 5 颗纽扣，每件运动服需要 2 颗纽扣，有一批纽扣刚好可以全部用在衬衫或者全部用在运动服上，衬衫和运动服样式如图 1-22 所示。

　　猜一猜：这批纽扣至少有多少颗？

图 1—22

拓展游戏·分享

可以从以上几个游戏作业中选一个,让学生一边动手操作一边说说自己的想法,并录制下来,与班级同学分享。

设计意图

加深理解"平均分成几份"和"每几个为一份"的区别。鼓励学生总结自己的方法,体现个性化思考。老师可挑选部分视频在全班展示,呈现多种思路。

核心素养

数据意识　应用意识

设计思路

在学生初步认识平均分的基础上,通过一个情境引出不同问题,让学生通过分一分、摆一摆的操作活动,深刻感知"平均分成几份"和"每几个为一份"的区别,从而让学生清楚在除法算式中,除数所表示的具体意义。这一过程旨在培养学生的模型意识、数据意识、符号意识以及应用意识。

游戏中的"说一说"环节和"分享"部分,让学生交流、展示平均分的过程和结果,引导他们用语言将自己的思维过程准确表达出来,进而体验平均分的意义。

进一步思考

在游戏中，老师们还可更换纽扣的颗数，让学生分一分，口头列式（算式结果不做要求），并说一说算式中各个数字表示的意思。

评价方式

请在表 1-6 中对你在这次作业练习中的表现进行评价（把每项后面的☆涂上颜色，涂满 5 个为做得最好）。

表　1-6

学生自评		
游戏	评价内容	评价之星
游戏一	1. 能用一种方法实现平均分	☆ ☆ ☆ ☆ ☆
	2. 能说出正确算式：$10 \div 5 = 2$（颗）	☆ ☆ ☆ ☆ ☆
游戏二	1. 能用不同方法实现平均分	☆ ☆ ☆ ☆ ☆
	2. 能说出正确算式：$15 \div 5 = 3$（颗）能说出除法算式中各个数字表示的意思	☆ ☆ ☆ ☆ ☆
游戏三	1. 正确结果：4 件	☆ ☆ ☆ ☆ ☆
	2.①能一边动手操作一边按照表述框架将分法说清楚	☆ ☆ ☆ ☆ ☆
	②能说出正确算式：$20 \div 5 = 4$（件）	☆ ☆ ☆ ☆ ☆
游戏四	能一边动手操作一边独立、完整表述	☆ ☆ ☆ ☆ ☆
拓展游戏	这些游戏对我来说（打"√"）	简单 □　适中 □　有挑战 □

［设计者：毛丽丽／深圳市福田区华新小学］

玩转乘法口诀
——乘法口诀复习

作业目标

- 本次作业旨在帮助学生巩固"乘法口诀表"，使学生能够熟练运用乘法口诀顺向或逆向解决问题。
- 通过游戏作业，培养学生的学习兴趣，提高学生的思考能力。

作业属性

作业类型 ✎
书面作业 □　　非书面作业 ☑　　课时作业 □　　单元作业 □

作业功能 ✎
课前预习 □　　课堂练习 □　　课后复习 □　　单元复习 ☑

适用学段 ✎
义务教育第一学段（1～2 年级）

设计内容和思路

设计内容

游戏一 扑克牌对对碰

游戏人数：2 人。

游戏材料：选取数字 1~9 的全部扑克牌。

游戏步骤：

1. 将扑克牌平均分成 2 份，每位玩家各持 1 份。

2. 2 位玩家猜拳决定谁先出牌。

3. 游戏开始，玩家 1 先出 1 张扑克牌，玩家 2 再出 1 张扑克牌，谁先正确说出这 2 张牌上数字相乘所对应的乘法口诀，谁就获胜，并获得这 2 张牌。随后获胜者先出牌，对方再出牌。

4. 依此类推，直至全部扑克牌出完后获得扑克牌数量多的一方获胜。

设计意图

通过游戏来顺向训练学生掌握乘法口诀。

核心素养

数感

游戏二 卡牌抢夺战

游戏人数：2 人。

游戏材料：分别标有数字 1、2、3、4、5、6、7、8、9、10、12、14、16、18、15、21、24、27、20、28、32、36、25、30、35、40、45、42、48、54、49、56、63、64、72、81 的卡牌。

游戏步骤：

1. 将卡牌随机打乱并整理成一沓，背面朝上。

2. 游戏开始，翻开 1 张卡牌放在桌面上，双方抢答，能迅速说出以该卡牌上的数作为得数所对应的乘法口诀的一方获得这张卡牌。直至卡牌全部翻完，获得卡牌多的一方获胜。

设计思路

以游戏为载体，将乘法口诀知识融入其中，能极大调动低年段学生的学习兴趣。学生在玩游戏的过程中可以很自然地掌握相关数学知识，强化其对口诀的记忆，发展其数学思维。

进一步思考

老师们还可以以扑克牌和自制的卡牌为载体，开发出更多与乘法口诀或计算有关的游戏。在"扑克牌对对碰"游戏中，可以改变游戏规则，比如采用口诀配对的方式，一方玩家先出2张牌，对方也必须出与前者口诀得数相同的2张牌。若口诀配对成功，则后出牌玩家获胜；若口诀配对不成功，则先出牌玩家获胜。在"卡牌抢夺战"游戏中，可以增加玩家数量。

评价方式

请在表1-7中对你在这次作业练习中的表现进行评价（把每项后面的☆涂上颜色，涂满5个为做得最好）。

表 1-7

学生自评	
评价内容	评价之星
1. 在"扑克牌对对碰"游戏中，我可以快速地背出相应的乘法口诀	☆ ☆ ☆ ☆ ☆
2. 在"卡牌抢夺战"游戏中，我可以很快速地背出乘法口诀	☆ ☆ ☆ ☆ ☆
3. 这两个游戏对我来说（打"√"）	简单 □　适中 □　有挑战 □

[设计者：蔡惠贻 / 深圳福田区红岭教育集团华富实验学校]

乘法转盘，转！转！转！
——"乘法口诀"的快乐玩法

作业目标

- 参与乘法转盘的制作，体验活动的乐趣，并在制作过程中增进同伴间的情感。
- 利用乘法转盘，在游戏中熟记乘法口诀，提升数感和运算能力。
- 能积极参与，主动表达，加深对数学知识的理解，初步获得数学活动经验，发展对数学的好奇心，提升学习数学的兴趣。

作业属性

作业类型 ✎

探究型 □　　　实践型 ☑　　　书面型 □　　　游戏型 ☑

作业功能 ✎

课前预习 □　　　课堂练习 □　　　课后复习 ☑　　　单元复习 ☑

适用学段 ✎

义务教育第一学段（1~2 年级）

设计内容和思路

设计内容

活动一

亲子合作制作一个孩子喜欢的乘法转盘，样式可参考图 1–23。

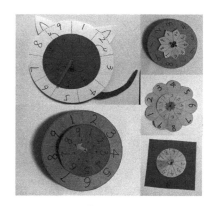

图 1–23

小贴士　乘法转盘的制作方法

1. 找 2 张不同颜色的卡纸（要硬一点的，不能太软）。
2. 画 2 个大小不同的圆，并把它们剪下来。
3. 把 2 个不同的圆平均分成 9 份，分别写上数字"1~9"。
4. 用图钉把 2 个圆钉在一起，形成 2 个同心圆，这样转盘就制作完成了。
5. 根据自己的喜好加以装饰、着色，做一个漂亮、可爱、实用的乘法转盘。

设计意图

　　通过自主设计、完成制作等一系列活动，使学生不仅能够体验其中的乐趣，展现自我，同时还能增进与家人间的情感。

核心素养

符号意识　应用意识

活动二

① 转动转盘，边算得数边记口诀。

指定内圈上的 1 个数字，转动外圈，可以呈现 9 个算式。如：内圈数字为"5"时，转动外圈，就会呈现"5×1，5×2，5×3……5×9"。孩子可以直接说出得数，练习乘法计算能力，也可以说出对应的乘法口诀"一五得五,二五一十,三五十五……五九四十五"，以此巩固对乘法口诀的记忆（可 2 人玩，也可多人玩）。

> **设计意图**
>
> 通过转转盘、算得数、记口诀等活动，帮助学生熟练掌握竖列记忆乘法口诀表的方法，并体会"几"的口诀、就逐渐增加"几"的规律。
>
> **核心素养**
>
> 数感　运算能力　推理意识

② 转动转盘，说出任意 2 个数字的积，及对应的乘法口诀。

随机转动转盘，说出内圈和外圈上每任意 2 个数字相乘的积，或对应的乘法口诀（可 2 人玩，也可多人玩）。

> **设计意图**
>
> 利用转盘转动的随机性、灵活性，提升熟记乘法口诀的趣味性和挑战性，避免学生死记硬背。
>
> **核心素养**
>
> 数感　运算能力　应用意识

③ 转动转盘，玩法还可以多样化。

提出不同要求，边转动转盘，边说得数及口诀（可 2 人玩，也可多人抢答或比赛）。

1. **找乘数相同。** 转动乘法转盘，让内圈和外圈上相同的 2 个数字对齐。如，转动转盘，当数字 1 与数字 1 对齐时，得到了乘数相同的乘法算式 1×1，得数为 1，对应的乘法口诀是"一一得一"；当数字 2 与数字 2 对齐时，得到 2×2=4，口诀是

"二二得四"，依此类推。

2. 找得数相同。如，"找出得数是 12 的算式"。转动转盘，将 3 和 4 转到一起时，得到 3×4=12，对应的口诀是"三四十二"；将 2 和 6 转到一起时，得到 2×6=12，口诀是"二六十二"，依此类推。

3. 找积是整十数。对应的口诀是二五一十，四五二十，五六三十，五八四十……

4. 找积的个位和十位上的数字交换。对应的口诀是三八二十四，六七四十二；三七二十一，三四十二……

5. 找积是双数。与 2、4、6、8 相乘的算式。

甜甜，你能找到得数相同的口诀吗？

可以呀，我们来比一比，看谁找得多！

设计意图

玩法多样化，激发学生的参与兴趣和热情，让学生在玩的过程中，发掘其中规律，把握其中窍门。

核心素养

数感　运算能力　抽象能力　创新意识

设计思路

"乘法转盘"这个游戏型作业，可以伴随学生整个乘法口诀的学习过程，借助乘法转盘的简单操作、玩法和形式的灵活多样，使背诵乘法口诀不再枯燥无趣，从而激发学生的参与兴趣和热情。在玩的过程中，学生不仅提高了乘法计算的速度及准确性，还能感悟、发掘其中的关系和规律。

老师们还可以通过提升"乘法转盘"游戏的实效性、有趣性，让玩法"活"起来，从而激发学生的学习乐趣和热情，对学生熟记乘法口诀、灵活运用口诀准确计算起到事半功倍的效果。同时，根据第一学段学生的年龄特点，在学习过程中也可以延伸出"加法转盘""减法转盘"，更好地帮助学生培养数感，提升运算能力、抽象能力和创新意识。

评价方式

请在表1-8中对你在这次作业练习中的表现进行评价（把每项后面的☆涂上颜色，涂满5个为做得最好）。

表 1-8

学生自评	
评价内容	**评价之星**
1. 你会背乘法口诀	☆ ☆ ☆ ☆ ☆
2. 你会根据算式说出对应的乘法口诀	☆ ☆ ☆ ☆ ☆
3. 你找到了乘数相同的乘法口诀	☆ ☆ ☆ ☆ ☆
4. 你找到了得数相同的乘法口诀	☆ ☆ ☆ ☆ ☆
5. 你找到了积是整十数的乘法口诀	☆ ☆ ☆ ☆ ☆
6. 你找到了积的个位和十位上的数字交换的乘法口诀	☆ ☆ ☆ ☆ ☆
7. 你找到了积是双数的乘法口诀	☆ ☆ ☆ ☆ ☆
8. 这次活动对你来说（打"√"）	简单□ 适中□ 有挑战□
家长 / 教师评价	
1. 完成这份任务的积极性	☆ ☆ ☆ ☆ ☆
2. 乘法口诀是否熟练掌握	☆ ☆ ☆ ☆ ☆
3. 遇到困难时能主动思考	☆ ☆ ☆ ☆ ☆
综合评价（打"√"）	优秀□ 良好□ 需要努力□

［设计者：陈丽珠 / 深圳市福田区园岭外国语小学］

"智"辨方位，"游"出精彩
——方向与位置

08

作业目标

- 学生能根据生活经验辨认"东、南、西、北"四个方向，在具体情境中给定一个方向，能辨认包括"东南、西南、东北、西北"在内的其余七个方向，并能用方位词描述物体所在方向。

- 在"地图"和"现实空间"的联系过程中，能看懂平面图，培养学生辨认方向、表达与交流物体所在方位的能力，发展学生的空间观念。

- 在辨认方向的现实情境中，让学生体会数学与生活的联系。通过数学游戏，巩固知识并激发学生对数学学习的兴趣。

作业属性

作业类型

书面作业 □　　非书面作业 ☑　　课时作业 ☑　　单元作业 ☑

作业功能

课前预习 ☑　　课堂练习 ☑　　课后复习 ☑　　单元复习 ☑

适用学段

义务教育第一学段（1~2年级）

设计内容和思路

设计内容

活动一　大自然的指南针

作业功能：北师大版《数学　二年级　下册》第二单元"方向与位置"课前预习作业。

作业内容：阅读以下内容，完成相关任务并做好记录。

 我和爸爸去登山，但我们没有导航设备和指南针，我们该怎么辨认方向？请你来帮帮我。

试着搜集资料，看看生活中哪些自然现象和方位有关，用你喜欢的方式记录下来吧，可以参考图1–24"大自然的指南针"学生作品。

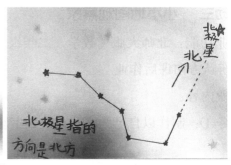

图　1–24

设计意图

对于二年级的学生来说，"东、南、西、北"四个方位概念还是比较抽象的，他们需要积累丰富的生活经验，才能较好地掌握方位概念。因此，在正式学习本单元知识前，我们设计了观察大自然、询问家长或网上搜索资料的预习任务，让学生初步了解方位概念，从生活中感受数学，积累生活经验。

核心素养

应用意识　空间观念

活动二　我家的东南西北

作业功能：北师大版《数学　二年级　下册》第二单元"方向与位置"第一课时——东南西北课后作业。

作业内容：

> 观察早晨太阳升起的方向，你能说说你家的东、南、西、北方向分别有什么吗？动手画一画，制作出你家的专属地图或方向板吧！

设计意图

让学生学会利用生活中的参照物辨认方向，进一步帮助学生巩固在给定一个方向的前提下，如何辨认其余三个方向，加深学生对方向的理解。

核心素养

应用意识　空间观念

活动三　小小地图观察家

作业功能：北师大版《数学　二年级　下册》第二单元"方向与位置"第二课时——辨认方向课后作业。

作业内容：

任务①：制作以自己为观测点的教室座位方向板（课堂作业）。

> 如图 1-25 所示，这是我制作的教室座位方向板，你也试着在课堂上制作一个吧！

图 1-25

任务②：利用地图或手机导航观察、制作以学校为观测点的方向板（课堂作业）。

可以参考如图1-26所示的"小小地图观察家"学生作品。

 我想尝试做一个以学校为观测点的方向板，一起试试吧！

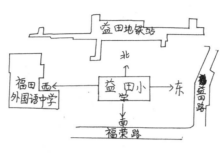

图 1-26

任务③：对着地图说一说，以深圳市或我国任意一区、市、省为观测点，各个区、市、省的相对位置（课后作业）。

 我有一份地图，我能说出福田区和深圳市的北方有……

设计意图

课堂教学是让学生在熟悉的校园环境中辨认方向，课后作业则是将设计延伸到校园之外，让学生运用所学知识解决生活中的实际问题，让学生在熟悉的现实世界中看到隐秘的数学风景。通过认一认、辨一辨、做一做、说一说等活动，在"地图"和"现实空间"的联系过程中，进一步培养学生辨认方向的能力，发展空间观念。

核心素养

应用意识　空间观念

活动四　方位寻宝小游戏

作业功能：北师大版《数学　二年级　下册》第二单元"方向与位置"单元复习作业。

作业内容：

 仔细阅读游戏规则，2人一组，一起来玩方位寻宝小游戏吧！

玩游戏前要准备这些游戏道具哦！

1. 制作方向转盘和步数转盘各 1 个，如图 1-27 所示。（可用回形针 ✎ 做转盘旋转指针。用笔尖固定回形针，制作出简易的转盘固定轴。）

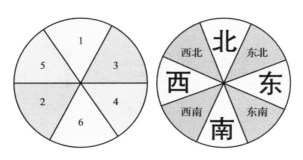

图 1-27　方向转盘和步数转盘

2. 制作东南西北折纸 1 份，并在折纸的 8 个位置分别写上 4 种特殊技能，如图 1-28 所示。

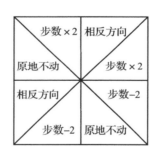

图　1-28

3. 棋盘 1 张，如图 1-29 所示。

4. "寻宝"游戏积分记录表 1 张，见表 1-9。

表 1-9　"寻宝"游戏积分记录表

每轮得分	学生 1 号	学生 2 号
1		
2		
3		
4		

每轮得分	学生1号	学生2号
5		
6		
7		
8		
9		
10		

北

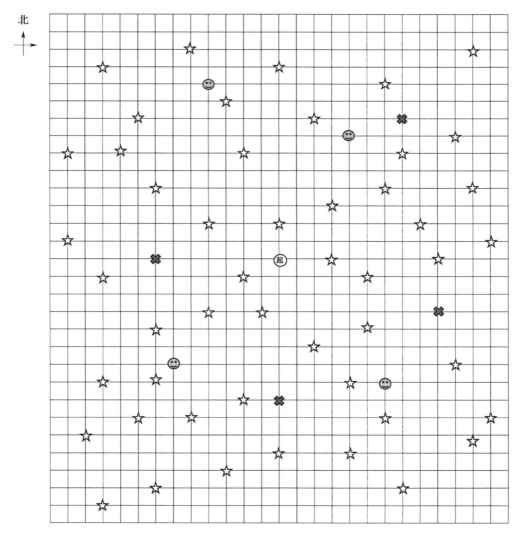

图 1-29　棋盘

结合方位知识，学生通过小游戏巩固方位知识，提高数学学习兴趣。

核心素养

应用意识 空间观念

寻宝积分游戏规则

1. 利用回形针和一支笔，分别转动方向转盘和步数转盘，从起点出发，根据转得步数和路线移动小棋子。例如：如果转得"北2"，就向北方向走2格；如果转得"西北3"，就向西北方向走3格。当棋子碰到 ★ 可积1分，碰到 ☺ 可积5分，但遇到 ✖ 则为游戏失败。

2. 东南西北折纸附加技能：若转到"东南西北"其中一个方向，则可根据方向和步数使用东南西北折纸，得到附加技能后再进行移动。包括：步数x2、原地不动、步数 –2、相反方向。使用方式为，当转盘转到"东南西北"其中一个方向时可启用特殊技能，如，东2，则用东南西北折纸进行2步操作，并观察折纸上"东"方向所显示技能，按照技能指示进行移动。

3. 10轮游戏后，积分最多的玩家则为胜利者。注意：如果棋子走出游戏棋盘范围则提前结束游戏。

设计思路

　　"方向与位置"这一单元的内容与生活息息相关，学生能结合生活经验了解方位概念，并在学习过程中学会辨认方向。因此，本作业设计通过"大自然的指南针""我家的东南西北"和"小小地图观察家"这三个活动，让学生在生活中感受数学、学习数学、运用数学。最后，利用"方位寻宝小游戏"，让学生在游戏中体会数学学习的乐趣。

评价方式

评价方式见表1-10。

表 1-10

学生自评	
评价内容	评价填写 （打"√"或"×"）
1. 你知道生活中与方位判定有关的自然现象	
2. 你知道"东、南、西、北"四个方向	
3. 你知道"东南、东北、西南、西北"四个方向	
4. 在地图中给定一个方向的情况下，你能够判断其余七个方向	
5. 你会在地图上辨认方向	
6. 你会用方向词描述物体所在方向	
7. 以不同地点为观测点，你能说出任意两地点之间的位置关系	

教师评价			
评价内容	优秀	良好	继续努力
1. 知道"东、南、西、北"四个方向			
2. 能说出至少两个以上生活中与方位判定有关的自然现象			
3. 在地图中给定一个方向的条件下，学生能准确且熟练地辨认其余方位			
4. 会用方向词描述物体所在方向			
5. 能在地图上辨认方向			
6. 以不同地点为观测点，能说出任意两地点之间的位置关系			
7. 能将知识运用于实践，体会数学与生活的联系			
综合评价			
备注：在合适的等级评价中打"√"			

[设计者：陈小蕊/深圳市福田区益田小学]

超级对对碰
——小数的初步认识

09

作业目标

- 本次作业通过游戏的形式让学生认识小数，旨在帮助学生巩固关于"元、角、分"的具体币值、以"元"为单位的小数和"几元几角几分"的形式互化。

- 通过游戏，激发学生学习数学的兴趣，并在游戏中提升其思维能力和反应能力，培养他们的数感。

作业属性

作业类型 ✎

书面作业 □   非书面作业 ☑   课时作业 □   单元作业 ☑

作业功能 ✎

课前预习 □   课堂练习 □   课后复习 ☑   单元复习 □

适用学段 ✎

义务教育第二学段（3~4年级）

设计内容和思路

设计内容

同学们，想玩游戏吗？你们会玩对对碰的游戏吗？今天我们就一起去体验一个特别的超级对对碰游戏吧！4 人一组自由组队，准备好了吗？

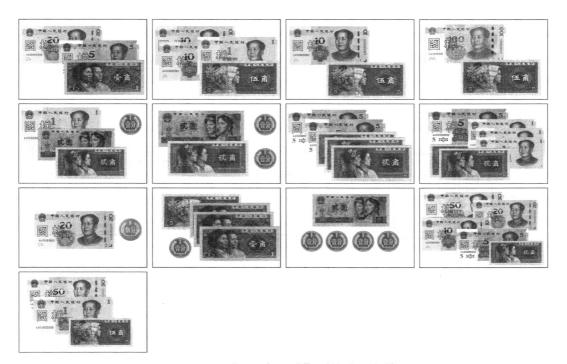

图 1-30 "元、角、分"币值（图）牌

游戏材料准备：52 张卡牌［13 张"元、角、分"币值（图）牌，如图 1-30 所示；13 张"元、角、分"牌，如图 1-31 所示；13 张以"元"为单位的小数牌，如图 1-32 所示；13 张小数"读数"牌，如图 1-33 所示］和 1 张超级对对碰积分卡，如图 1-34 所示。

2元2角2分	10元6角	85元2角
21元5角	25元1角	8角1分
8元4角	51元5角	2元4分
3元2角1分	20元5分	100元5角
10元5角		

图 1-31 "元、角、分"牌

85.20元	100.50元	8.4元
10.50元	10.60元	0.81元
2.22元	2.04元	51.50元
21.50元	20.05元	25.10元
3.21元		

图 1-32 以"元"为单位的小数牌

八十五点二零元	一百点五零元	八点四元
十点五零元	十点六零元	零点八一元
二点二二元	二点零四元	五十一点五零元
三点二一元	二十一点五零元	二十点零五元
二十五点一零元		

图 1-33 小数"读数"牌

超级对对碰积分卡				
游戏次数	学生1	学生2	学生3	学生4
1				
2				
3				

图 1-34 超级对对碰积分卡

游戏怎么玩呢?

游戏规则

1. 洗好牌后,组长(任选 1 人)给每个人随机发 13 张牌,4 位玩家先把手上能碰成对的牌找出来。
2. 从组长开始出牌,其他玩家手中的牌若能与其出的牌碰成对就迅速出牌,先说"碰"然后读出价格。碰成对的牌放中间

（注意：如果读的价格错误则碰对不成功，如果多位玩家都有
对应牌的以先说"碰"的玩家为准）。

3. 下一轮由碰对成功的玩家接着出牌，一直玩下去。

4. 谁手上的牌最快出完，谁就是第一名，其他人继续玩，直到产
生第二名、第三名则游戏结束。

5. 游戏结束后记录积分，第一名得 3 分，第二名得 2 分，第三名
得 1 分，手中牌没出完则不得分。

游戏范例如图 1–35 所示。

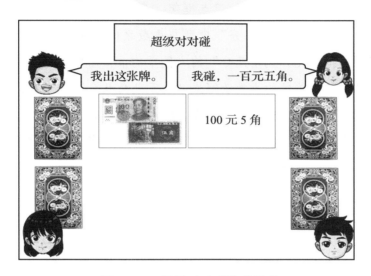

图 1–35　超级对对碰游戏示范

注意事项：碰对的时候一定要读对牌上的价格，如以"元"为单位的小数牌按照以
"元"为单位的小数读法，"元、角、分"牌按照"几元几角几分"的读法，"元、角、分"
币值（图）牌则两种读法均可，小数"读数"牌直接照读即可。

设计意图

　　"元、角、分"是小数的一种常见的、直观的、应用广泛的现实模型。这个
游戏旨在考核学生是否初步理解小数的意义，学会认、读简单的小数，并能够将
"元、角、分"模型、以"元"为单位的小数和"几元几角几分"进行形式互化。
同时，这个游戏富有趣味性，学生为了赢得游戏就会主动去理解小数，能激发学
生的主观能动性。

核心素养

数感

设计思路

"小数的初步认识——文具店"是北师大版《数学 三年级 上册》第八单元的第一课时，是学生在二年级学习了"元、角、分"知识的基础上第一次学习小数的相关内容。日常生活中的"元、角、分"是小数的一种常见的、直观的、应用广泛的现实模型。本节课是初步认识小数，主要结合"元、角、分"来认识小数，并结合购物情境来应用小数。

根据本单元的课时内容以及知识点框架，我们从整体视角出发，设计了一份游戏型的作业。借助"元、角、分"模型与小数之间的关系，帮助学生初步认识小数，使他们能够把"几元几角几分"的人民币的币值用以"元"为单位的小数表示，也能把以"元"为单位的小数改写成"几元几角几分"的形式，从而建立小数模型，也为学生接下来认识生活中更多的小数（如 1.75 米、35.5 千克等）打下基础。学生在这份作业中熟知表示价格的小数的实际含义，并在认识整数的基础上，通过游戏进一步认识小数，培养数感。

进一步思考

本次作业设计采用了在一个大游戏中从面到点开展，从点到面突破的思路。这个游戏中的"元、角、分"币值（图）牌和小数牌中"元、角、分"的数字组成是专门设定的、有层次的，是分别由"相同的、不同的、有一个数字是 0"的数字组成的，以便学生在不同价格级别上进行认、读。学生在拿到牌后要思考、要表达，这既锻炼了学生的思维反应，又培养了学生的数感。

数学知识既来源于生活，又服务于生活。因此，老师们可以将这次课后作业设计思路延伸至长度（如身高 1.75 米）、重量（如 35.5 千克）等生活中其他常见的量，重视结合生活经验，让学生大量认、读小数，从生活事例中获取对小数的感性认识。

评价方式

评价方式见表1–11。

表 1–11

学生自评			
评价内容	游戏次数	合作人次	游戏获胜次数
_____（姓名）			
这次作业，请给自己一个综合评价（打"√"）	优秀 □　良好 □　需要努力 □		
教师评价			
评价内容	优秀	良好	继续努力
1. 能积极主动地完成这次作业			
2. 能熟练认、读人民币币值图			
3. 能理解小数的实际意义，如，1.11元表示1元1角1分			
4. 能将"元、角、分"模型、以"元"为单位的小数和"几元几角几分"进行形式互化			
5. 能积极主动地解决此次作业中遇到的问题			
综合评价			
备注：在合适的等级评价中打"√"			

[设计者：曾莹莹 / 深圳市福田区荔园外国语小学（天骄）]

玩转数对
——确定位置

10

作业目标

- 能够掌握数对写法，在具体情境中理解数对中每个数字的含义，并会用数对在方格纸中表示位置。
- 通过动手操作、参与亲子游戏活动拓展思维，建立数对与图形、运动的联系，能够根据给出一个物体的位置用数对表示出其他物体的位置。
- 感受数对在生活中的广泛应用，初步渗透函数思想，发展符号意识与应用意识。

作业属性

作业类型

书面作业 ☑   非书面作业 ☐   课时作业 ☑   单元作业 ☐

作业功能

课前预习 ☐   课堂练习 ☐   课后复习 ☑   单元复习 ☐

适用学段

义务教育第二学段（3~4年级）

设计内容和思路

设计内容

说明：表 1–12 中的"主食"是必做，请根据需求再选择一个"配餐"内容（打"√"）。

表 1–12

项目	说明	我的选择
主食（必做题）	难度指数：★★ 考查数对的写法，理解数对中每个数字所代表的含义，并会用数对在方格纸中表示位置；将"方向与位置"和"数对"知识结合起来进行复习	√
A 配餐——鼠洞探秘（选做题）	难度指数：★★★ 以"鼠洞探秘"为主题进行探秘，巩固方格纸中同行或同列位置的数对特点，此外，增设开放性题目、操作题目	
B 配餐——棋逢对手（选做题）	难度指数：★★★★ 以"棋逢对手"为主题，增设开放性题目与动手实践活动，考查推理能力	

主 食
（必做题）

1. 如图 1–36 所示，鹏鹏和甜甜在教室里的位置可以用数对表示。

（5，3）　　　　　　　　　　　　　　　　　（7，2）

图 1–36

① （5，3）中的 5 表示鹏鹏在第 5 列，3 表示在（　　）。

② （7，2）表示甜甜坐在第（　　）列第（　　）行。

我是鹏鹏的同桌，我的位置可以用（　　，3）表示。

我的位置可以用数对（3，5）表示，我和鹏鹏的数对里都有数字3和5，所以鹏鹏的位置其实是我的。

判断正误（打"√"或"×"）：

2. 鹏鹏和甜甜周末想要去游乐园，游乐园的示意图如图1-37所示。

①若摩天轮的位置可以用数对（4，6）表示，你能用数对帮助他们表示出其他游乐设施的位置吗？

②他们想要坐过山车，却不小心弄脏了示意图，请你根据提示在下图中标出过山车的位置。

过山车在海盗船以东200m，再往南100m的位置上。

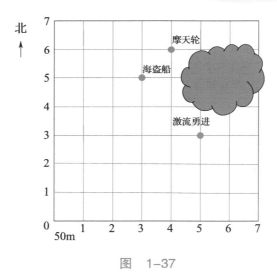

图　1-37

设计意图

题目简单，但又多样，本单元两课时内容结合，旨在复习的同时巩固本单元的重点——数对的认识与如何用数对表示位置。同时，结合学生喜欢的游乐园场景，让学生体验数对在生活中的应用。

核心素养

推理意识　符号意识　应用意识

A 配餐——鼠洞探秘

（选做题）

关卡 1 找不同

图 1-38 中样子与其他地鼠不同的地鼠位于第（　）列，第（　）行，用数对表示为（　，　）。

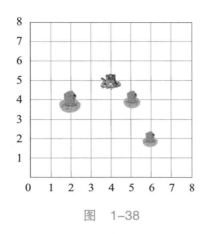

图　1-38

关卡 2 找规律

请你在图 1-39 中用数对表示出各地鼠的位置。观察各地鼠的位置与其对应的数对，你发现了什么规律？

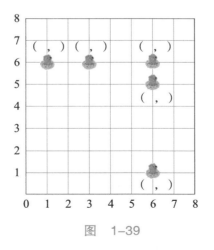

图　1-39

关卡 3 会判断

如果有 4 只地鼠分别在 A（3，2）、B（7，3）、C（3，7）和 D（6，3）4 个地洞里，那么，（　）和（　）在同一行，（　）和（　）在同一列。

关卡4 会设计

请你尝试用方格图的方式画一画，并用数对表示出图1-40中地鼠的位置。

图 1-40

设计意图

布置"鼠洞探秘"为主题的学习任务，旨在保持学生学习数学的兴趣，同时增加答案不唯一的题型来鼓励学生用自己独特的视角发散思维、探索答案，从而起到课后延伸、巩固、运用所学知识的作用。

核心素养

模型意识　推理意识　应用意识　符号意识

B 配餐——棋逢对手
（选做题）

鹏鹏和甜甜正在玩五子棋，如图1-41所示，鹏鹏执蓝色棋子，甜甜执灰色棋子。

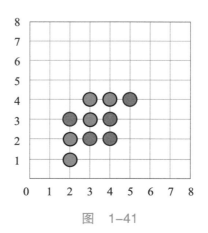

图 1-41

如果下一步该我走的话，我把棋子放在哪个位置上，就能获胜呢？

如果下一步该我走的话，猜猜我会把棋子放在哪个位置上呢？

和你的朋友或家长下一盘五子棋吧，并利用数对说说你都把棋子放在了哪里。

设计意图

以"棋逢对手"为主题的学习任务，旨在通过亲子游戏活动鼓励学生用自己独特的视角发散思维、探索答案，从而起到课后延伸、巩固、运用所学知识的作用，同时培养学生的动手能力和创新能力。另外，此"配餐"涉及的知识难度较"主食"部分高，能够满足优等生的需求，让优等生"吃好"。但通过主题设计与亲子活动，也能激发学习一般的学生对难题的兴趣，让他们"吃饱"。

核心素养

推理意识　符号意识　创新意识

设计思路

①确保能力较强的学生有更大的挑战和提升，同时，基础较弱的学生也能得到适当的练习和巩固，以保持学生对数学的喜爱。

②融合新旧知识、融合学科知识，同时题目多样化，以满足学生多元智力发展的需要。

③注重数学作业的探究。引导学生自主探究，在活动中培养学生综合运用能力。

进一步思考

老师们可以通过游戏化教学，将"鼠洞探秘"与"棋逢对手"两项活动迁移到课堂，也可以综合运用，设计出单元复习作业。

评价标准和方式

评价标准

本作业设计要求学生能够掌握数对写法，通过动手操作、游戏等活动在具体情境中理解数对中每个数字的含义，并会应用数对解决问题。

参考答案

✔ **主食**

1. ①第 3 行　②7　2　6　判断题：×

2. ①海盗船（3，5）　激流勇进（5，3）

　②过山车（7，3），具体位置如图 1-42 所示。

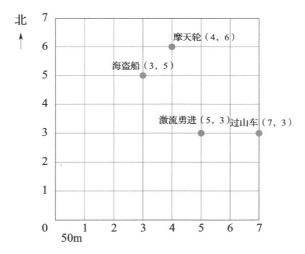

图 1-42

✔ A 配餐

关卡1：4　5　（4，5）

关卡2：（1，6）（3，6）（6，6）（6，5）（6，1）

位于同一行地鼠的数对中第二个数字相同，同一列地鼠的数对中第一个数字相同（意思对即可）。

关卡3：B　D；A　C。

关卡4：答案不限（开放性题目）。

✔ B 配餐

（1，1）或（5，5）　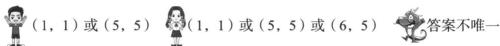（1，1）或（5，5）或（6，5）　答案不唯一

评价方式

我在本次作业中，根据自己选择的关卡难度，算一算一共拿到了＿＿＿＿颗星。选择你的学习心情吧！

☺ ☺ ☹ ☹

理由：

_____

_____

_____

_____

_____

[设计者：王轶昕 / 深圳市福田区福苑小学]

开心农场大富翁

——小数的意义和加减法、小数乘法

11

作业目标

- 在设计"开心农场大富翁"具体情境的过程中,让学生主动调查或者寻求帮助,了解农场以及广东地区的农业、气候等知识,从而增加他们的生活经验。
- 在设计游戏"任务卡"的过程中,让学生进一步理解"小数的意义和加减法"以及"小数乘法"的知识内容,提高他们的创新意识和运算能力。
- 结合整个游戏设计的过程,让学生解决有关小数加减法以及小数乘法的实际问题,从而使其进一步感受小数与实际生活的密切联系。

作业属性

作业类型

书面作业 ☑   非书面作业 ☑   课时作业 ☐   单元作业 ☑

作业功能

课前预习 ☐   课堂练习 ☐   课后复习 ☐   单元复习 ☑

适用学段

义务教育第二学段(3~4年级)

设计内容

同学们，数学老师想设计一个有关"开心农场大富翁"的游戏，如图 1–43 所示，这个游戏的最终目的是希望同学们在玩游戏的过程中掌握小数的意义和加减法以及小数的乘法运算。游戏中，一些农场活动和农场遇到的自然灾害已填写，一些还没有填写。图中有文字的格子为"主题格"，当玩家走到"主题格"时需要完成"主题格"上的任务；! 标注的地方为命运卡，? 标注的地方为任务卡，当玩家走到这些格子时需要抽取"命运卡"或者"任务卡"来完成相应的任务，但是这些内容数学老师都还没有设置。同学们，你们可以帮助老师完成设计吗？（教师提前对整个游戏做说明。）

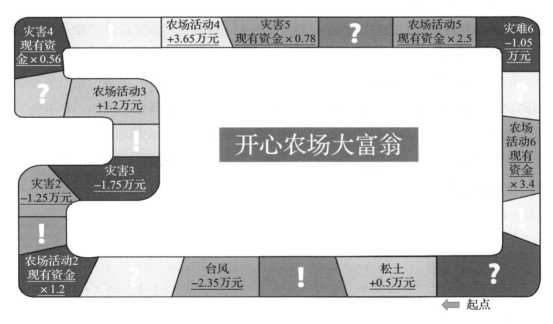

图 1–43

任务 1　我会查（独立完成或小组合作：15 分钟）

1. 请你查一查（可借助互联网）或者请教爸爸妈妈、爷爷奶奶，农场活动都有哪些？

2. 请你查一查（可借助互联网）广东地区适合种植哪些蔬菜、水果？

3. 请你查一查（可借助互联网）广东地区的农场一年四季可能遇到哪些自然灾害？

> **设计意图**
>
> 　1. 进行跨学科主题学习，在任务完成的过程中，培养学生查询、搜索信息的能力，从而拓宽学生解决问题的途径。
>
> 　2. 培养学生综合实践能力，并引导他们了解身边的科学以及广东的农业、气候等知识。
>
> **核心素养**
>
> 应用意识

任务2　我会设计（30分钟）

感谢同学们的调查，老师根据你们的调查，在"开心农场大富翁"模板上补充了农场活动和容易遇到的自然灾害。那么接下来，请同学们帮忙设计"命运卡"和"任务卡"的内容。

6张"命运卡"的设置（收入增加或者减少的情况各3张）：命运卡是指另外添加的农场活动或者自然灾害对农场产生的影响，是一种随机现象。例如，养殖兔子收入增加3.78万元，虫灾使农场损失5.55万元，发生盗窃使农场损失3.21万元等。

6张"任务卡"的设置：每人需要设计6道与"小数的意义和加减法"以及"小数乘法"单元相关内容的题目：例如，3.28中的8是指（　）个（　），$5.22 \times 0.22 =$（　）等。

> **设计意图**
>
> 　1. 创设开发"开心农场大富翁"游戏中"命运卡""任务卡"的主题情境和学习任务，丰富学生数学学习的形式，提高应用意识和创新意识。
>
> 　2. 加强学生对知识内容的梳理能力，提高归纳能力，以便他们根据搜索的信息和数学知识内容，合理设计"命运卡"和"任务卡"。
>
> **核心素养**
>
> 运算能力　应用意识　创新意识

任务3 我会升级（20分钟）

小组长收齐本组同学的"命运卡"和"任务卡"的内容，老师与小组长共同讨论、筛选或制定出16张"命运卡"以及24张"任务卡"（共4组题，其中2组简单题，2组升级题，每组6道题）。同学们根据自己的情况，选择完成简单题或者升级题的任务卡，并帮助老师制作"任务卡"的标准答案。

> **设计意图**
>
> 在制作"命运卡"或"任务卡"的过程中，巩固学生所学知识，通过设置简单题和升级题进行任务分层，满足不同学习程度学生的学习需求。

> **核心素养**
>
> 运算能力　数感　应用意识　创新意识

任务4 我会玩（20分钟）

教师根据学生的"命运卡""任务卡"以及"任务卡"答案制定"开心农场大富翁"游戏规则，并请同学们课后与家人、同学试玩。

部分游戏设计成品，如图1-44所示。

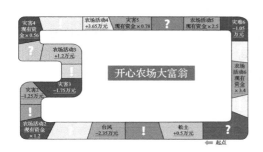

 命运卡

? 任务卡第1组升级题

6.05里面的"5"在什么数位上？ 答对+2万元　答错-1万元	6.60和6.6的大小及计数单位都相同吗？ 答对+2万元　答错-1万元	简便运算： 4.8-0.23-1.77 答对+2万元　答错-1万元
甜甜有5.1元，她买了一本3.99元的书，还要找回多少钱？ 答对+3万元　答错-2万元	在小数点的后面添上或去掉"0"，小数的大小不变吗？ 答对+3万元　答错-2万元	7个一和4个百分之一是（　） 答对+3万元　答错-2万元

图1-44　部分游戏设计成品图

? 任务卡第1组升级题参考答案

6.05里面的"5"在什么数位上？ "5"在百分位上	6.60和6.6的大小及计数单位都相同吗？ 大小相同，计数单位不相同。6.60的计数单位为0.01，6.6的计数单位为0.1	简便运算： 4.8−0.23−1.77 =4.8−（0.23+1.77） =4.8−2 =2.8
甜甜有5.1元，她买了一本3.99元的书，还要找回多少钱？ 5.1−3.99=1.11（元）	在小数点的后面添上或去掉"0"，小数的大小不变吗？ 不一定，只有在小数末尾添上或去掉"0"，才不影响小数的大小。	7个一和4个百分之一是（　） 7.04

图 1–44　部分游戏设计成品图（续）

游戏规则

1. 游戏人数为 2 名或者 2 名以上，每名玩家选择 1 枚棋子，将其置于起点，起始资金为 10 万元。按照顺序掷骰子，并根据掷出的点数移动棋子。

2. 当棋子走到"主题格"时：在规定时间（30 秒内）按照要求做相应奖惩计算。玩家资产根据该计算发生变化。游戏中可以增加 1 名玩家担任裁判员，使用计算器计算，快速判断玩家的答案是否正确。如果玩家人数只有 2 名，也可以在计算完成后用计算器计算进行核对。

3. 当棋子走到"任务卡"时：在规定时间（30 秒内）回答任务卡上的问题。答对题目者直接获得该任务卡上对应数量的钱币；答错则失去对应数量的钱币。

4. 当棋子走到"命运卡"时：在规定时间（30 秒内）做命运卡上的计算，正确计算后，根据命运卡上标注的奖励或惩罚进行相应处理。

5. 在规定时间内，手中存款最多的玩家获胜。

设计意图

寓教于乐，以真实的农场生活为背景，将"小数的意义和加减法"以及"小数乘法"的知识整合在游戏模板和任务卡中。学生综合运用学过的知识解决"任务卡"上的问题，在提高学生数感、运算能力以及应用意识的同时，也增加学生对农业生产的了解，进一步拓宽他们的知识视野。

核心素养

运算能力　数感

设计思路

基于"新课标"要求以及学生学情，单元作业设计的整体思路如图1–45所示。

开发"开心农场
大富翁"游戏

通过调查了解农场活动和自然灾害有哪些	学生设计"任务卡"和"命运卡"，将数学知识融入	"命运卡"和"任务卡"的完善	"开心农场大富翁"游戏体验
为后续设计"命运卡"和"任务卡"的活动奠定基础，培养学生综合实践以及劳动实践能力	从原有认知结构和知识经验进行分析，找到知识的生长点，自主梳理"小数的意义和加减法"以及"小数乘法"的知识内容，培养学生归纳整理能力、创新意识和应用意识	自主巩固小数加减法的竖式计算方法，理解计算的算理，体会数的运算本质上的一致性，形成运算能力	游戏促学，沉浸体验，学生在玩自己设计的游戏的过程中，巩固小数的加减法和意义以及小数乘法的知识，获得设计游戏的成就感、玩游戏的喜悦感以及获取知识的幸福感

图 1–45

进一步思考

老师们还可以把"任务卡"和"命运卡"的内容改成其他的知识内容，例如，整数的加减法、整数的乘法等。

评价标准和方式

评价标准

根据"新课标"要求，在此份作业中，建议对学生的评价从以下几个方面进行：学生能在理解整数的概念的基础上进一步认识小数；能直观地描述小数；能比较不同小数的大小。通过数的认识和数的运算的有机结合，深入理解计数单位的意义，理解运算的一致性原则。

评价方式

评价方式见表1–13。

表 1–13

家长评价			
评价内容	优秀	良好	继续努力
1. 完成这份任务的积极性			
2. 作业的内容基本能够掌握			
3. 对农场知识有了更清晰的认识			
4. 遇到困难时能主动思考			
综合评价			

教师／学生评价			
评价内容	优秀	良好	继续努力
1. 能积极主动地去完成该作业			
2. 能理解生活中小数的实际意义，如 1.11 米表示 1 米 1 分米 1 厘米			
3. 会进行十进分数与小数的互换，能掌握小数的各个数位的计数单位及其进率关系			
4. 能比较小数的大小			
5. 会小数的加减运算以及混合运算			
6. 会计算小数乘法			
7. 能用小数知识解决生活中的实际问题			
8. 能积极主动地解决此次作业中遇到的问题			
综合评价			

备注：在合适的等级评价中打"√"

[设计者：凌华金／深圳市福田区梅丽小学]

图形王国的秘密
——多边形的面积复习

12

作业目标

- 学生会用数方格等方法比较图形的大小并设计指定面积的图形。
- 在故事情境中，学生能辨认并画出平行四边形、三角形及梯形，指定底边上的高，能寻找、测量出有关数据以计算平行四边形、三角形及梯形的面积。会用自己的语言说出面积计算公式的推导过程并解决与面积有关的实际问题。
- 通过画图、测量和计算等活动，培养学生的空间观念，促进其个性发展。

作业属性

作业类型

书面作业 ☑   非书面作业 □   课时作业 □   单元作业 ☑

作业功能

课前预习 □   课堂练习 □   课后复习 ☑   单元复习 □

适用学段

义务教育第三学段（5~6年级）

设计内容和思路

设计内容

同学们，听说你们最近掌握了不少有关多边形面积的知识，接下来我们要乘坐"挑战号"列车前往图形王国，一起来看看沿途有什么考验等着我们吧！

考验1 营救被困的图形

这里有一个图形被困住了，我们来看看怎么营救它吧！

营救任务：

1. 在图1–46所示方格纸的空白处再设计一个图形，并比较你设计的这个图形和"被困"的图形谁的面积更大？

2. 在图1–47所示方格纸中设计一个与方格纸①中"被困"的图形面积相等的图形。

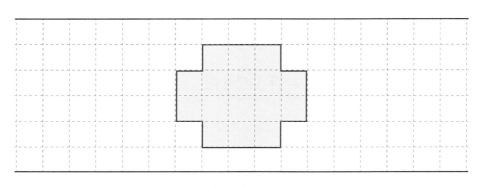

图　1–46

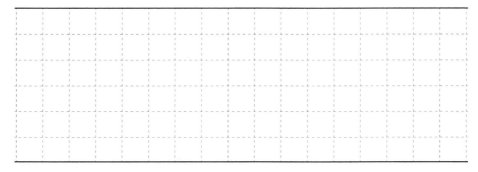

图　1–47

到这里，想必聪明的你已经完成了第一项考验，恭喜你营救成功！看看接下来还有什么考验等着你吧！

考验2 解密丢失的图形

这里有一些不完整的图形，如图1-48所示，里面似乎隐藏着一些秘密……

① ② ③

图　1-48

解密任务：

①用铅笔和直尺将以上各图形补充完整。

②请为图形①和图形②各选定一条底边，测量该底边上的高，并计算这两个图形的面积。

计算前要先画出底边上的高，还要测量底边及高的长度。

我量得图形①的底为（　　）cm，高为（　　）cm，面积计算：_____

我量得图形②的底为（　　）cm，高为（　　）cm，面积计算：＿＿＿＿＿＿＿＿＿＿

③图形③被选为图形王国这一届的"图形王者"，我们要为它量身做一件和它面积大小一样的彩虹衣，每平方厘米的彩虹衣需要花费 3 个金币，请问这件彩虹衣共需花费多少金币？

我是这样算的：＿＿＿＿＿＿＿＿＿＿＿＿＿＿＿＿＿＿＿＿＿＿＿＿＿＿＿＿＿＿

＿＿＿＿＿＿＿＿＿＿＿＿＿＿＿＿＿＿＿＿＿＿＿＿＿＿＿＿＿＿＿＿＿＿＿＿＿＿

④观察并比较图形①和图形②的底、高及面积，说一说你发现了什么？尝试用自己的语言写一写平行四边形面积计算公式的推导过程。

> 我发现这两个图形……
> 我能写出如下推导过程……

我是这样推导的：＿＿＿＿＿＿＿＿＿＿＿＿＿＿＿＿＿＿＿＿＿＿＿＿＿＿＿＿

＿＿＿＿＿＿＿＿＿＿＿＿＿＿＿＿＿＿＿＿＿＿＿＿＿＿＿＿＿＿＿＿＿＿＿＿＿＿

设计意图

"考验 2"整合了"底和高"以及"图形面积计算公式"等知识，通过让学生先补充图形，再测量、计算的方式，打破了传统作业设计中先给定图形再测量的模式。这种设计既能保持情境的连贯性，也方便教师在学生的作业反馈中了解他们对面积计算公式的推导与运用情况。

核心素养

量感　几何直观　应用意识

孩子们，列车已经到站了，我们从神奇的图形王国回到了美好的现实世界，期待你们学到更多知识，我们再一起去探索更多关于图形的奥妙吧！

设计思路

这份作业为单元练习作业，内容来自北师大版《数学　五年级　上册》第四单元"多边形的面积"。作业是落实"双减"工作不可或缺的一部分，具有诊断、巩固、拓展、学情分析等功能。为了充分发挥好这些作用，我们既要考虑到学生的年龄特点设计好基础作业，也要考虑到不同层次学生的发展需求，设计具有趣味性和挑战性的分层作业，实现用"评价"促进学生的发展。

进一步思考

　　老师们还可以在这个设计的基础上，让孩子们参与探索同类型的作业设计，例如，平面图形的周长、立体图形的体积和表面积等。

评价标准和方式

评价标准

参考答案

✓ **考验1**

1. 答案不唯一，只要学生能在规定方格纸内画出合理的图形并进行正确的比较即可。

2. 答案不唯一，在方格纸②中画出 16 个方格大小的图形即可。

✓ **考验2**

1. 按要求补充完图形即可。

2. 测量方式不唯一，只要能正确画出三角形及平行四边形指定底边上的高，测量准确，并正确计算即可。

3. 梯形上底为 3cm，下底为 5cm，高为 3cm，面积为 12cm²，共需金币 12×3=36（个）。

4. 学生能发现图形①的三角形和图形②的平行四边形是等底等高的关系，且平行四边形的面积是三角形面积的 2 倍。平行四边形的面积公式推导方式不唯一，只要学生能写出 1 种推导过程且言之有理即可。

评价方式

评价方式见表 1-14。

表 1-14

学生自评	
评价内容	评价填写（打"√"或"×"）
1. 能理解题意并完成画图任务	
2. 能补充图形并完成相关图形面积计算以及解决与面积有关的应用问题	
3. 能用自己的语言表达平行四边形面积计算公式的推导过程	
4. 能主动解决完成作业过程中遇到的问题	
5. 这次作业，请给自己一个综合评价	优秀 □　良好 □　需要努力 □

[设计者：黄烨 / 深圳市福田区百花小学]

百分数的"独白"

——百分数的认识

作业目标

- 围绕"百分数"的相关知识进行回顾、整理，理解百分数的概念。
- 将"百分数"与"分数""小数"和"比"进行对比关联，进一步加深学生对百分数的认识和理解。
- 引导学生继续查找、探寻"百分数"在生活中的相关应用，进一步感受百分数与实际生活的密切联系，发展应用意识，激发学生的数学学习兴趣。

作业属性

作业类型 ✐

书面作业 ☑　　　非书面作业 ☐　　　课时作业 ☐　　　单元作业 ☑

作业功能 ✐

课前预习 ☐　　　课堂练习 ☐　　　课后复习 ☐　　　单元复习 ☑

适用学段 ✐

义务教育第三学段（5~6年级）

同学们好，"我"是你们的新朋友——百分数。

任务1   认识百分数

能用你喜欢的方式，简单描绘一下在你脑海里的"我"吗？

> 百分数并不是一个数，它是……

> **设计意图**
>
> 围绕"百分数"的重点和难点问题进行回顾、整理，理解百分数的概念。
>
> **核心素养**
>
> 数感

任务2   百分数的"前世今生"

> 为什么会有"百分数"的出现？
> 是先有"百分数"还是先有"分数"的呢？

> **设计意图**
>
> 引导学生从百分数与以往知识的关联性视角对百分数及其相关知识进行梳理。
>
> **核心素养**
>
> 推理意识

任务3   百分数的亲朋好友

在数学王国里，你认识的朋友中还有不少"我"的族亲呢，你知道它们是谁吗？"我"和它们有什么关系？

> 百分数和小数可以互化……

任務 4　生活中的百分數

生活中處處都有"我"的身影，如果缺少了"我"的參與，你們的生活會發生什麼變化？請舉例說明你的觀點。

任務 5　百分數的獨白

關於"我"，你還知道些什麼？請用你喜歡的方式為"我"寫一份"獨白"。

進一步思考和設計思路

以百分數為核心進行思維發散，用不同的色彩、符號、文字、圖形等元素將學生腦海裡零碎的知識整理成色彩豐富，具有邏輯性的網絡圖、數學故事等，便於將複雜的知識條理化、可視化、系統化。

部分学生作品范例，如图 1-49，图 1-50 所示。

作品范例

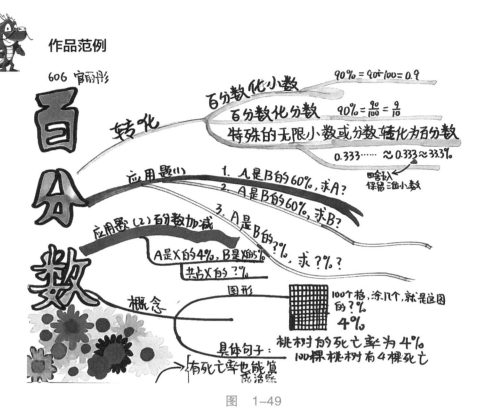

图　1-49

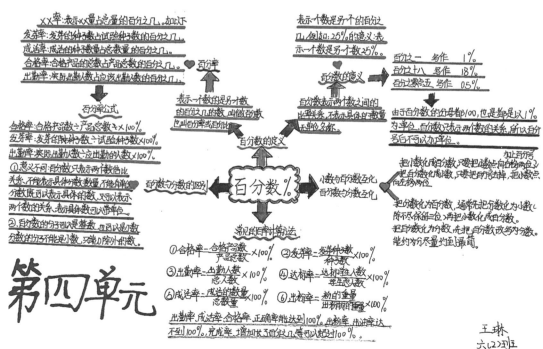

图　1-50

设计思路

围绕百分数这个知识点引导学生向"内"梳理，培养学生的关联意识，以拓展思维的广度，从而加深对百分数的理解。同时，以此为中心点向"外"发散，从"我"（百分数）的角度出发让学生用自己喜欢的方式为百分数写一份"独白"，让不同层次的学生有不同层次的表达，引导学生从不同角度对百分数的相关知识进行整理。这样的"独白"不仅能丰富形式，增强趣味性，还能起到梳理、巩固和提升的作用。在归纳总结中，学生将感受到知识结构化，从而培养他们的结构意识；而在画图过程中，学生将对知识进行直观感知，通过提炼加工信息、梳理思路，对问题进行创造性解决，进一步培养学生的发散思维和创新意识。

评价方式

请在表 1–15 中对你在这次作业练习中的表现进行评价（把每项后面的☆涂上颜色，涂满 5 个为做得最好）。

表　1–15

学生自评	
评价内容	评价之星
1.完成本次任务的积极性	☆ ☆ ☆ ☆ ☆
2.遇到困难时能主动思考	☆ ☆ ☆ ☆ ☆
3.基本完成"百分数"及相关知识的梳理	☆ ☆ ☆ ☆ ☆
4.本次作业对我来说（打"√"）	简单□　适中□　有挑战□

[设计者：林芳君、胡杰、马迎丽 / 深圳福田区东海实验小学]

第二篇
做中学

有趣的图形世界
——认识图形

01

- 结合"数一数，说一说"的学习活动，积累观察、思考、交流的学习活动经验，培养学生观察、表达和归纳能力，初步建立空间观念。
- 在观察、动手操作的活动中，直观认识长方体、正方体、圆柱和球等立体图形，并利用所学立体图形进行创造。

作业属性

作业类型

书面作业 □   非书面作业 ☑   课时作业 □   单元作业 ☑

作业功能

课前预习 □   课堂练习 □   课后复习 □   单元复习 ☑

适用学段

义务教育第一学段（1~2年级）

设计内容和思路

设计内容

第1关　数一数，说一说

观察图 2-1，回答下列问题：

1. 长方体有几个？正方体有几个？圆柱有几个？

2. 从左往右数，第几个是球？

3. 球的左边有几个立体图形？球的右边有几个立体图形？

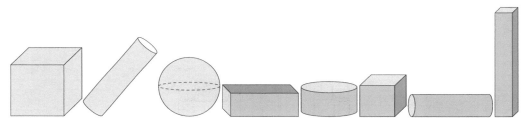

图　2-1

设计意图

通过数立体图形的个数，可以让学生根据立体图形的特征正确辨别物体的形状，也考查了学生对左右位置的掌握情况。

核心素养

几何直观　应用意识

第2关　选一选

在图 2-2 中，哪一组摆得最稳？为什么？

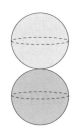 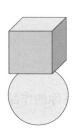 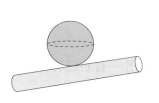 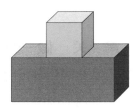

图　2-2

第 3 关　认一认

机器人悠悠拎着礼物来啦！仔细观察，在图 2-3 中有哪些立体图形？

图　2-3

第 4 关　做一做

请你利用身边的物品创作一件自己喜欢的作品，将你的作品照片粘贴在下框内，并向周围的人介绍你的作品。

学生用身边的物品设计创作一个自己喜欢的作品，培养了学生的创新精神和动手能力。

核心素养

创新意识

设计思路

本单元学习的内容是长方体、正方体、圆柱和球的初步认识。本次作业在对学过的内容进行回顾的基础上，引导学生按物体的形状进行分类，从而让其巩固简单立体图形的基本特征，并能根据立体图形的基本特征进行准确地辨认。由于学生年龄较小，在日常生活中最先接触的是各种各样的物体，如：积木、楼房、纸箱和皮球等。学生可以从中抽象并直观认识长方体、正方体、圆柱和球。这种从具体到抽象、从整体到局部的认知过程，遵循了儿童的生活经验和认知规律。

进一步思考

　　老师们还可以开展一些校园或生活中的图形收集活动。例如，收集班级的音响、讲台上的粉笔盒、家里的牙膏盒等。此外，还可以引导学生进行探究小活动，例如，探究不同的立体图形有什么特点，以及它们在不同表面的投影形状等。

评价标准和方式

评价标准

参考答案

✔ **第 1 关**

1. 长方体有 2 个；正方体有 2 个；圆柱有 3 个。

2. 从左往右数，第 3 个是球。

3. 球的左边有 2 个立体图形；球的右边有 5 个立体图形。

✔ **第 2 关**

第 4 组最稳。解释合理即可。

✔ **第 3 关**

有正方体，长方体，圆柱和球。

✔ **第 4 关**

作品略。

评价方式

评价方式见表 2-1。

表　2-1

学生自评	
评价内容	评价填写（打"√"或"×"）
1. 你认识长方体吗	
2. 你认识正方体吗	
3. 你认识圆柱吗	
4. 你认识球吗	
5. 给你的作品打个分	优秀 □　良好 □　需要努力 □
6. 这次作业，请给自己一个综合评价	优秀 □　良好 □　需要努力 □

家长评价			
评价内容	优秀	良好	继续努力
1. 完成这份任务的积极性			
2. 是否能按照立体图形的特征准确辨别物体的形状			
3. 遇到困难时能主动思考			
4. 给孩子的作品打个分			

备注：在合适的等级评价中打"√"

[设计者：吴雅琳 / 深圳市福田区荔园小学众孚校区]

折一折，做一做
——初步认识轴对称图形

02

作业目标

- 结合有趣的剪纸活动，初步感知生活中的轴对称现象，培养几何直观。
- 在阅读活动中提取信息，培养学生综合运用知识的能力；在剪纸活动中初步发展学生的空间观念，培养动手操作能力；在创作过程中激发他们的想象力，提升发散性思维能力，培养创新意识。
- 欣赏生活中的对称美，体会数学不仅来源于生活，而且能够应用于生活，激发学生学习数学的兴趣，培养应用意识。

作业属性

作业类型 ✎

书面作业 ☐　　非书面作业 ☑　　课时作业 ☑　　单元作业 ☐

作业功能 ✎

课前预习 ☐　　课堂练习 ☐　　课后复习 ☑　　单元复习 ☐

适用学段 ✎

义务教育第一学段（1~2年级）

设计内容

图形王国大闯关

闯关 1　猜一猜有几个洞

1. 把一张纸对折，用笔戳一个洞，展开后有几个洞？

2. 把一张纸对折，再对折，用笔戳一个洞，展开后有几个洞？

3. 把一张纸对折，第二次对折，第三次对折，用笔戳一个洞，展开后有几个洞？

先猜一猜，再试一试。
你都猜对了吗？

设计意图

通过不同次数的对折，戳洞，最后展开等操作，学生会发现得到的洞数都不一样。一张简简单单的纸，对折的次数不同，得到的花样也不同。这一变换无穷的操作过程进一步拓宽了学生对轴对称图形的认识。

核心素养

几何直观

闯关 2　奇思妙想剪窗花

窗花是有不同颜色、不同图案的汉族民俗剪纸艺术品，已有上千年的历史。你能不能用今天学到的知识快速设计一个两边完全一样的窗花（可以参考图 2-4），用你的作品装扮家里的窗户，拍下来贴在下框内。

图　2-4

（设计意图）

将所学知识与我国的传统艺术相结合，创作更有意思、更复杂的图案装扮家庭，以培养学生的创造性和发散性思维能力，进而形成创新意识和应用意识。

（核心素养）

应用意识　创新意识

闯关 3　开动脑筋巧拼图

1. 自制几何板：将长方形、正方形、圆形或两边完全一样的平面图形对折成完全一样的两部分后，沿着折痕剪开，涂上自己喜欢的颜色。

（设计意图）

通过自制几何板及拼摆活动，学生既能感知到熟悉的平面图形也是轴对称图形，又能体验再创造轴对称图形的过程，从而发展学生的发散性思维能力，培养几何直观和创新意识。

（核心素养）

几何直观　创新意识

2. 利用自己制作的这些几何板，组成一幅美丽的图画（要求：这幅画对折后两边完全一样），并把它贴在纸上。

相关绘本阅读

1. 选择你喜欢的相关绘本阅读，如《彩绘剪纸十二生肖图画书（全十二册）》《马良的神奇画笔　对称》等。

2. 在小组内分享收获，组内评价。

设计意图

1. 绘本中的剪纸图案有助于增强学生对轴对称图形的初步感知。

2. 在阅读和欣赏中发现轴对称剪纸，实现跨学科结合，培养学生综合运用知识的能力。

核心素养

几何直观

设计思路

本次作业设计思路如图 2-5 所示。

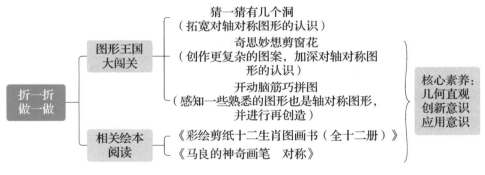

图　2-5

进一步思考

老师们还可以有以下尝试：

1. 游戏：与伙伴一起用身体摆轴对称图形。

2. 找寻传统文化中轴对称图形的身影，例如，扎染图案、三星堆出土的黄金面具等。

评价方式

采用学生自评（见表 2–2）、小组互评（见表 2–3）、教师评价的方式。

1. 学生根据自己每一关的完成情况，在每一关对应的评价位置进行自我评价。

表　2–2

学生自评	
评价内容	评价填写（打"√"或"×"）
闯关 1：猜一猜有几个洞	
闯关 2：奇思妙想剪窗花	
闯关 3：开动脑筋巧拼图	
绘本阅读收获分享	
这次作业，请给自己一个综合评价	优秀 □　良好 □　需要努力 □

2. 组内互评：小组成员根据每个成员对"闯关 1"的回答、"闯关 2""闯关 3"的作品展示，为成员点亮各项的星星，点亮 5 个为做得最好。

表　2–3

小组互评	
评价内容	评价之星
闯关 1：猜一猜有几个洞	☆☆☆☆☆
闯关 2：奇思妙想剪窗花	☆☆☆☆☆
闯关 3：开动脑筋巧拼图	☆☆☆☆☆
绘本阅读收获分享	☆☆☆☆☆

3. 教师评价：教师根据学生各部分的完成情况进行评价。

［设计者：郑龙华 / 深圳市福田区荔园外国语小学深南校区］

测量探险家
——测量实践作业

作业目标

- 在实践活动中巩固对厘米和米的认识，建立厘米和米的长度观念。
- 学会用刻度尺测量长度，能估测一些物体的长度，并能选择恰当的单位表示物体的长度。
- 在实际活动中体会测量长度在日常生活中的重要意义，从而激发学生学习的兴趣，发展观察、操作的能力。

作业属性

作业类型 ✐
书面作业 □　　非书面作业 ☑　　课时作业 ☑　　单元作业 □

作业功能 ✐
课前预习 □　　课堂练习 □　　课后复习 ☑　　单元复习 ☑

适用学段 ✐
义务教育第一学段（1~2年级）

设计内容和思路

设计内容

作业 1 我动小手制尺子

1. 回忆、观察尺子各部分的组成。

2. 准备若干根 1cm 长的小棒，利用这些小棒制作尺子。

3. 在尺子上标注出毫米和厘米的刻度线，并写出刻度。

设计意图

通过让学生动手设计、制作尺子，加深其对尺子结构的认识，进一步体会度量的意义，发展学生的量感，培养学生对测量的兴趣和观察、动手制作的能力。

核心素养

量感

作业 2 我为树叶量身高

1. 找几片长度不同、颜色漂亮的树叶。

2. 将树叶平铺在彩色卡纸上并固定（也可以发挥想象力拼图案）。

3. 先估一估树叶的长度，再量一量，计算出估计长度和实际长度相差多少，并记录在表 2-4 中。

表　2-4

	估计长度	实际长度	相差长度
树叶 1			
树叶 2			
树叶 3			

4. 用直尺测量树叶的长度，并标注在树叶旁（单位：cm，取接近的整厘米数）。可参照如图 2-6 所示的标注方式。

图 2-6

设计意图

　　动手操作是学生参与知识形成过程的重要形式，通过估计、测量树叶的长度，培养学生的估测能力，巩固测量物体长短的方法、积累测量长度的经验、体会厘米的实际意义，培养学生对大自然的热爱之情。

核心素养

量感　数感　几何直观

作业 3　我和家人掷骰子

游戏准备：2 枚棋子、2 枚骰子、1 张地图，如图 2-7 所示。

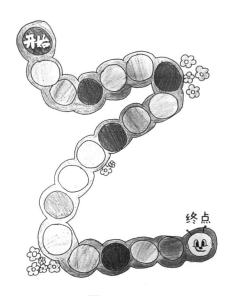

图 2-7

游戏规则：

1. 游戏开始前把 2 枚棋子放在地图上的"开始"一格。

2. 2 位玩家同时掷骰子，根据掷得的点数在表 2-5 中找到对应的测量任务。

表 2-5

点数	1	2	3	4	5	6
测量物品	回形针的长度	数学书长边的长度	门的高度	爸爸的身高	铅笔盒的长度	床的长度
相应步数	2	3	5	5	4	4

3. 2 位玩家根据各自的任务分别测量，互相确认测量结果，正确即可将棋子向前移动相应的步数。

4. 继续掷骰子，如出现与前面掷出的点数一致，则重新投掷。直到其中 1 枚棋子到达终点，先到达终点者获胜。

设计意图

在传统作业练习中，大部分学生是被动地巩固训练。本作业加入游戏化的设计，能增加学生的兴趣，促使他们主动去测量。在游戏化竞争的背景下，学生动手测量生活中常见物体的长度，能够更有效地巩固测量的物体长短的方法与策略。同时，这种游戏化的方式也有助于深度学习的发生。

核心素养

量感 数据意识

进一步思考

老师们可以结合测量游戏和动手实践的方式，让学生测量生活中的物体，并结合长度单位发展的历史，让学生更深刻地理解统一单位的重要性，进而理解测量的本质，发展学生的量感。

设计思路

这一份作业为单元复习作业，内容来自北师大版《数学 二年级 上册》第六单元"测量"。通过三个具有不同思维层次的活动，学生经历"我动小手制尺子""我为树叶量身高""我和家人掷骰子"的实践活动，让学生在生活情境中亲身体验、成长，从而深化对厘米和米的认识，这些活动旨在有效培养学生的量感、数感等核心素养。

评价标准和方式

评价标准

根据"新课标"要求，在此份作业中，建议可以从以下两个方面对学生的作业进行评价：

① 学生能在测量的过程中感受所学长度单位的实际意义，积累测量经验，培养学生对测量的兴趣及动手制作的能力。

② 能估测一些物体的长度，初步发展估测意识，感受数学与现实生活的联系。

评价方式

评价方式见表 2-6（把每项后面的☺或♡涂上颜色，涂满 5 个为做得最好）。

表 2-6

学生自评		
评价内容		评价填写
我动小手制尺子	我会画清晰的刻度	☺☺☺☺☺
	我做的尺子笔直、样式美观	☺☺☺☺☺
我为树叶量身高	我的测量方法规范	☺☺☺☺☺
	我测量的长度准确	☺☺☺☺☺
	我标注的方式清晰	☺☺☺☺☺

学生自评		
评价内容		评价填写
我和家人掷骰子	我能用准确的方式测量	☺☺☺☺☺
	我能正确用尺子测量	☺☺☺☺☺
	我能严格遵守游戏规则	☺☺☺☺☺
这次作业，请给自己一个综合评价		☺☺☺☺☺
家长评价		
评价内容		评价填写
1. 测量兴趣高		♡♡♡♡♡
2. 按照活动要求进行实践		♡♡♡♡♡
3. 独立完成、内容正确		♡♡♡♡♡
4. 是否有探索求知精神		♡♡♡♡♡
综合评价		♡♡♡♡♡

[设计者：周灵涵、盛蓝、万嘉伟 / 深圳市福田区外国语学校福保校区]

房间有多长
——测量实践作业

作业目标

- 经历用不同方式测量房间长度的过程，体会测量方式、测量工具的多样性。
- 积累测量活动经验，发展度量意识和能力。
- 在测量活动中体验亲子合作、交流、成功的乐趣，增加亲子相处时间，促进亲子感情。

作业属性

作业类型

书面作业☐　　非书面作业☑　　课时作业☑　　单元作业☐

作业功能

课前预习☑　　课堂练习☐　　课后复习☐　　单元复习☐

适用学段

义务教育第一学段（1~2年级）

设计内容和思路

设计内容

同学们知道自己的房间有多长吗？让我们开始今天的测量实践之旅吧！

活动1　想一想

怎么量你房间的长度？

 要测量出房间的长度，可以借助哪些工具呢？

_____

_____

设计意图

鼓励学生学会思考，唤醒学生已有的生活经验，帮助学生养成动手前先思考的好习惯。先想后做，体现"从头到尾"分析问题、解决问题的过程。

核心素养

量感　空间观念

活动2　做一做

亲子合作，请从书本、卷尺、米尺、矿泉水瓶中选择 2 种测量工具，量一量你房间的长度，并将数据填入表 2-7 中。

表　2-7

测量工具		
测量结果		

通过实践测量活动让学生体会测量方式、测量工具的多样性，以激发学生的测量兴趣，并在这一过程中减少误差，从而得到比较准确的测量结果。同时，学生也能体验亲子合作、交流以及成功的乐趣。

核心素养

运算能力　数据意识

活动 3　说一说

测量的过程中需要注意什么？

鼓励学生学会自我归纳、总结，为课堂教学活动提供交流材料。注重活动之后的交流反思，既是对测量活动的总结，也是对测量方法的讨论，为后续的测量活动奠定基础。

核心素养

数感　应用意识

活动 4　画一画

试着在下框内画出自己房间的形状，并标出各边的长度。

设计意图

通过让学生画出房间形状并标记长度，帮助他们养成复盘的习惯，同时利用学科融合的教学方式，借助画画这一手段来进一步激发学生的学习兴趣。

核心素养

应用意识

设计思路

本单元的主要内容是学生在学习了"比长短"，并已经对长、短概念有了初步的认识，会直观比较一些物体的长、短的基础上，进一步认识长度单位"厘米"和"米"，并理解它们的实际意义。本次作业作为正式学习长度单位之前的准备课，目的是让学生通过自选单位测量物体长度的活动，在"量"中体会"量"，并能用一定的方式表达和交流测量的结果，积累测量活动经验，为后续的学习奠定基础。

本作业设计是周末亲子实践作业，先让学生自主预习"教室有多长"的课程内容，借此引发学生思考如何测量自己房间长度的方法并付诸实践，要求选择两种测量工具量出房间的长度并完成测量记录单。通过对比，学生会发现不同的测量工具测量的结果也会不一样，进而引发学生思考：房间的长度到底是多少呢？为下节课"统一长度单位"的学习埋下伏笔。接下来的"说一说"和"画一画"环节，旨在帮助学生在回忆测量过程中归纳、总结出测量时的注意事项，为后续活动打好基础。

进一步思考

老师们还可以开展一些校园内的测量实践活动。例如，教室有多长、操场跑道有多长等。

评价标准和方式

评价标准

参考答案

✔ **活动 1**

多种方法，如用尺子量、用数学书量、用矿泉水瓶子量、用易拉罐量、用脚长量、用步长量等（积极思考即可）。

✔ **活动 2**

和家长合作进行实际测量，并把所选的测量工具和测量结果（能写出 2 种即可）填在表 2-7 中。

✔ **活动 3**

在测量的过程中，要做好标记；要一个紧挨着一个摆"尺子"；要记住一共量了多少次；记录时一定要写清楚测量工具是什么等（合理即可）。

✔ **活动 4**

动手画下自己房间的长度并标记长度。

评价方式

请在表 2-8 中对你在这次作业中的表现进行评价（在对应的表情上打"√"）。

表 2-8

学生自评			
1. 能主动认真思考问题	😊	😐	😞
2. 能够积极和家长交流合作	😊	😐	😞
3. 能正确运用所学知识解决问题	😊	😐	😞
综合评价	😊	😐	😞

［设计者：李聪 / 深圳市福田区福强小学］

以践促学　知行合一
——数学实践活动挑战卡作业

作业目标

- 通过数学实践活动，丰富学生的课余数学活动体验和知识经验储备，以进一步巩固和应用所学数学知识。
- 游戏比拼、自主阅读、动手操作等多种形式的数学活动，让学生在完成挑战的过程中感悟数学、应用数学，从而形成创新能力、提高数学学科素养。
- 感受数学与生活的密切联系，在数学实践活动中获得成功的体验，增强数学学习的乐趣。

作业属性

作业类型

书面作业 □　　非书面作业 ☑　　课时作业 □　　单元作业 □

作业功能

课前预习 □　　课堂练习 □　　课后复习 ☑　　单元复习 □

适用学段

义务教育第一学段（1~2年级）

设计内容和思路

设计内容

同学们，你们敢接受数学实践挑战吗？约上爸爸妈妈或小伙伴，我们一起来挑战吧！

游戏类挑战

挑战 1　口诀对口令

1.制作乘法口诀口令卡牌，如："三六___""___三十六"。

2.与家长或小伙伴对口令：一人抽卡牌，另一人对口令。如抽到"三六___"，需对出"三六十八"；抽到"___三十六"，则对出"六六三十六"。

3.挑战前先预估自己 1 分钟能答对多少句，再计时挑战，看谁答得快又准，并将结果记录在表 2-9 中。

表　2-9

参与人	1 分钟答对句数	
	第一次挑战	第二次挑战
我		
爸爸 / 妈妈		
小伙伴		

挑战 2　计算翻翻乐

1.准备两位数的数字卡若干张和加减运算符号卡各 1 张。

2.和爸爸妈妈或小伙伴轮流随机翻出 2 张数字卡和 1 张符号卡，将其组成算式，比一比谁算得快。

3.把比赛过程或结果记录在表 2-10 中，并自我总结。

表　2-10

参与情况		挑战题目							
		第1次	第2次	第3次	第4次	第5次	第6次	第7次	第8次
		52+36	81−72						
我	答案								
	是否正确								
爸爸/妈妈	答案								
	是否正确								
小伙伴	答案								
	是否正确								

设计意图

"口诀对口令"：考查的是乘法口诀的熟练程度。

"计算翻翻乐"：考查的是两位数的加减计算。

核心素养

数感

运动健身类挑战

挑战3　跑一跑

1. 你10s能跑多少米？1min能跑多少米？或跑完50m需要多少时间？跑完100m呢？

2. 至少完成一项挑战，并把结果记录在表2-11中。

表　2-11

日期	挑战项目			
	我能跑多少米		我需要多少时间	
	10s	1min	50m	100m
___月___日				
___月___日				
___月___日				

挑战 4 ▁ 跳一跳

1. 你 1min 能跳多少下绳？给自己设定一个目标，选每天的一次最佳成绩，记录在表 2–12 中。

2. 持续记录一周（不少于 5 次），看看自己有没有进步。

表 2–12

挑战	日期						
	星期一	星期二	星期三	星期四	星期五	星期六	星期日
我的目标							
我的成绩							
我的收获							

设计意图

通过综合体育运动提升学生对时间和距离的切身体验和感知。

核心素养

数感 量感 数据意识

阅读表达类挑战

挑战 5 ▁ 数学阅读

选择一本数学阅读书籍，读一读，并记录与分享自己的收获，填写在表 2–13 中。

推荐读物：《小气的托德》《买卖国的乘法队长》《马良的神奇画笔 对称》《冒失鬼魔术师的最棒助手》等，此外，还可以阅读适合二年级学生的数学绘本或名师推荐读物等。

表 2-13

阅读记录	读物名称	我的收获
___月___日		
___月___日		
___月___日		
___月___日		
___月___日		

挑战6 数学表达

当一次小老师，帮同学或向家长讲解一道数学题，或跟家人、朋友介绍一下你学过的某一（些）数学知识。例如，说一说生活中能用乘法算式表示的例子或解决的实际问题。

挑战7 数学绘画

用自己喜欢的方式在下框内画一画学过的某一个（类）数学知识。

设计意图

通过"数学阅读""数学表达"与"数学绘画"等挑战活动，鼓励学生用"看""说""画"等不同方式"拓展"数学、"表达"数学与"梳理"数学。

核心素养

应用意识 创新意识

挑战 8　快乐购物

亲身经历或模拟体验人民币的使用（如购物、购票、乘车、兑换等），估计花费的总价、尝试付钱等，并记录在表 2-14 中。

表　2-14

体验时间	花费项目	预计费用	支付方式
___月___日			
___月___日			

挑战 9　趣味手工

找一找生活中有哪些图案是左右两边完全一样的，用对折的方法剪出作品，把几个作品组合在一起并发挥想象，把它编成一个有趣的数学故事。

挑战 10　奇妙发现

挑战完成其他的数学游戏、数学趣题、数学应用等，把过程记录在表 2-15 中，并与同学进行分享。也可以自行设计其他有趣的数学实践活动，并向老师推荐分享。

表　2-15

挑战时间	挑战内容 / 我的设计	我的收获
___月___日		
___月___日		

设计意图

"快乐购物"：加深学生对人民币的认识与应用。

"趣味手工"：考查的是"折一折，做一做"这一课的内容与数学素养的结合。

"奇妙发现"：鼓励学生在生活中探究数学、发现数学与自我创新。

核心素养

应用意识　创新意识

设计思路

本次作业设计的整体思路如图 2-8 所示。

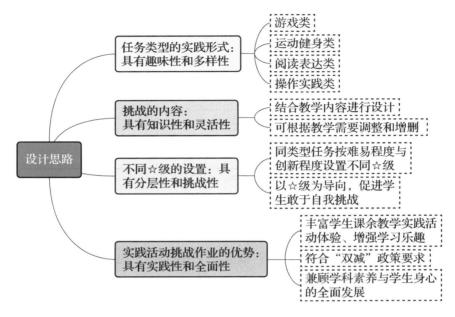

图　2-8

进一步思考

　　老师们还可以开展一些体现学生数学实践成果的展示活动或小竞赛等。例如，计算达人争霸赛、数学故事演讲比赛、趣味剪纸画展、数学创意分享会等。

评价方式

　　请在表 2-16 中对你在这次实践挑战中的表现进行评价（把每项后面的☆涂上颜色，涂满 3 个为做得最好）。

表 2-16

学生自评	
评价内容	评价之星
1. 我能完成口诀对口令挑战	☆ ☆ ☆
2. 我能完成计算翻翻乐挑战	☆ ☆ ☆
3. 我能在跑步挑战中感受时间和距离	☆ ☆ ☆
4. 我能坚持跳绳并记录	☆ ☆ ☆
5. 我能坚持数学阅读并记录	☆ ☆ ☆
6. 我能用自己的语言表达和应用数学	☆ ☆ ☆
7. 我能用绘画的形式表达和梳理数学	☆ ☆ ☆
8. 我会合理使用人民币	☆ ☆ ☆
9. 我能动手折、剪出对称图形并设计图案	☆ ☆ ☆
10. 我能积极参与或设计数学实践活动	☆ ☆ ☆
挑战反馈	
1. 这些挑战对我来说（打"√"）：简单 □　适中 □　有挑战 □	
2. 我喜欢的挑战类型有：	20＿＿年＿＿月＿＿日～20＿＿年
3. 我遇到的困难是：	＿＿月＿＿日，我共完成了＿＿项挑
4. 我还有这样的想法：	战，累计获得＿＿颗☆

［设计者：许佳佳／深圳市福田区教育科学研究院附属小学］

玩转七巧板，创意无限
——认识图形单元作业

06

作业目标

● 能辨认直角、锐角和钝角；能用七巧板设计简单图案，初步发展空间观念，培养审美意识。

● 结合观察操作活动，掌握摆、拼、画、比等多种认识图形的方法，体会研究图形方法的多样性，激发对图形研究的好奇心。

作业属性

作业类型 ✎

书面作业 ☐　　非书面作业 ☑　　课时作业 ☐　　单元作业 ☑

作业功能 ✎

课前预习 ☐　　课堂练习 ☐　　课后复习 ☐　　单元复习 ☑

适用学段 ✎

义务教育第二学段（3～4年级）

设计内容和思路

设计内容

嗨，我是鹏鹏，最喜欢七巧板了，请大家和我一起来挑战吧！

活动 1

请用微信扫一扫右侧的二维码，查看七巧板的制作方法，并自己动手制作一副七巧板。

（扫码查看七巧板的制作方法）

> **设计意图**
>
> 通过动手实践，让学生亲自制作一副七巧板，以更加熟悉七巧板的各个板块。
>
> **核心素养**
>
> 空间观念

活动 2

把刚刚制作好的七巧板编上号码，如图 2-9 所示，说一说每一块板都是什么形状，并指一指哪一块板上有直角？哪一块板上有锐角？哪一块板上有钝角？

图 2-9

> **设计意图**
>
> 引导学生能够在七巧板中认出直角、锐角和钝角，从而增进其对图形的了解。
>
> **核心素养**
>
> 空间观念

活动 3

在图 2-10 的七块板中，2 个大三角形的大小完全一样，2 个小三角形的大小也完全一样。各个板块之间还有怎样的大小关系呢？现在，请你拿起相应的图板，比一比、叠一叠，探索它们之间的大小关系，可以用文字或编号的方式记录在表 2-17 中。

表 2-17

板的编号	大小关系
7 号、3 号、5 号	
1 号、2 号、7 号	
1 号、2 号、3 号、5 号	
4 号、3 号、5 号	
6 号、3 号、5 号	
7 号、4 号、6 号	

我的发现：根据以上研究，按照板块大小，我们可以把 7 块板分成____类。

第一类是大板：2 个大三角形；

第二类是_____；

第三类是_____。

设计意图

通过比一比、叠一叠等多种方式，引导学生研究图形之间的大小关系。

核心素养

空间观念　几何直观

活动 4

你能利用刚刚制作好的一副七巧板拼出三角形吗？有几种不同的拼法？

请同学们从两块板开始挑战，再逐渐增加板块的数量进行拼组。请你一边拼一边说，并将你的拼法记录在表 2-18 中。

表　2-18

所拼图形	板的数量	板的编号	将你所拼的图形画下来或者剪贴出来
三角形			

温馨提醒：如表格行数不够，同学们可以自己在纸上画表格补充记录。

活动延伸：你还能用七巧板拼成长方形、正方形、平行四边形和梯形吗？你是怎样拼的？请先试着拼一拼，再和小伙伴互相说一说。

（设计意图）

　　用七巧板拼出三角形、长方形、正方形、平行四边形和梯形，学生既对平面图形有了进一步的认识，又培养了有序思考的能力，做到不重复、不遗漏，同时发展了空间观念。

（核心素养）

　　空间观念　　创新意识

活动 5

　　小小创意家：亲爱的同学们，请发挥你的创意，利用七巧板拼一拼，拼出有趣的图案（要求：一幅图使用一副七巧板），可参考图 2-10，然后用优美的语言在下框内写出一段小故事吧！

图 2-10

_____

_____

_____

_____

设计意图

　　引导学生发挥想象，用七巧板拼出有趣的图案，并能够用语言进行描述，促进了数学学科和语文学科的完美融合，不仅培养了学生的创造力，还提升了语文表达能力。

核心素养

空间观念　创新意识

设计思路

　　根据"新课标"要求，学生经历数学的学习运用、实践探索活动的经验积累，获得几何知识并形成空间观念，这一过程主要依靠动手操作。以学生们喜欢的七巧板素材为依托，通过创意使用七巧板进行动手操作，能够引发学生的学习兴趣，激发他们的创新能力，培养空间观念。

进一步思考

　　同学们，你们知道吗？七巧板起源于中国，已有千年历史。古往今来，七巧板爱好者在此基础上创新了七巧板的样式，丰富了复杂度，如中国宋代的"燕几图"和明代的"蝶几图"。后来，清代的文人童叶庚根据民间玩具"燕几图"和"蝶几图"等创造了十五巧板，它比七巧板更灵活，可以拼成更生动、更形象的图形。再如德国马丁·加德纳的"多巧板"等，七巧板已成为全人类共同的文化产物，可见其魅力之大。

如果同学们对十五巧板感兴趣，不妨阅读《益智燕几图》，相信你们会有更多的收获！

同学们，你们太棒了！成功地完成了 5 个活动的挑战，为你们点赞！

评价方式

请在表 2-19 中对你在这次"玩转七巧板"挑战活动中的表现进行评价（把每项后面的 □ 涂上颜色，涂满 5 个为做得最好）。

表 2-19

学生自评	
评价内容	评价填写
1. 我能说出七巧板中每一块板的名称，能指出哪一块板上有直角 / 锐角 / 钝角	□□□□□
2. 我会制作一副七巧板	□□□□□
3. 我能利用七巧板拼出不同的三角形	□□□□□
4. 我能利用七巧板拼出不同的长方形、正方形、平行四边形和梯形	□□□□□
5. 我能用七巧板拼出有趣的图案并写出美妙的故事	□□□□□
6. "玩转七巧板"挑战活动对我来说（打"√"）	简单□　适中□　有挑战□

〔设计者：陈丽丽、王晶晶、蓝刘珍 / 深圳明德实验学校（集团）香蜜校区〕

我的 DIY 台历
——认识年、月、日

07

作业目标

- 结合生活经验，认识年、月、日，了解它们之间的关系，理解并会判断大小月、平年和闰年。
- 通过调查、整理、观察和分析，发现规律，提高观察和判断能力，培养数据意识和推理意识。
- 经历与他人合作交流、解决问题的全过程，运用年、月、日知识解释生活中的问题并形成应用意识。

作业属性

作业类型

书面作业 ☑   非书面作业 ☑   课时作业 ☑   单元作业 ☐

作业功能

课前预习 ☑   课堂练习 ☑   课后复习 ☑   单元复习 ☐

适用学段

义务教育第二学段（3~4年级）

设计内容和思路

设计内容

一、项目背景

你知道吗？2024 年对深圳来说是一个重要的年份。2024 年世界隧道大会在中国深圳国际会展中心举办。为纪念这一事件，我们将设计一款有创意的台历，并借助其宣传美丽的深圳，让我们一起行动起来吧！

二、驱动问题

你们能设计一款有创意的台历吗？设计这样的创意台历我们需要了解什么信息，调查哪些内容，以及做哪些准备呢？

三、项目实施

学习任务 1　我的了解

请查找不同年份的年历，认真观察上面都有什么？通过观察、分析，请把你的发现和问题整理在下框内，并在全班交流。

> 我的发现：
>
> 我的问题：

　年历上面标注了农历、双休日、节假日等特殊的日子，把它们圈出来，你发现了什么？

设计意图

内容选自北师大版《数学 三年级 上册》第七单元"看日历"的 2 个课时，基于学生的学情分析，通过观察分析，发展学生发现问题和提出问题的能力。

核心素养

数据意识　推理意识

学习任务 2　我的调查

✔ **调查1**：在制作台历之前，需要了解年、月、日、季度、上半年、下半年、星期、大月、小月、闰年、平年等知识。请结合自己的生活经验或查阅相关资料，进行整理、分析和交流。

1. 全班按每 4 人一组进行分组。

2. 组内交流、补充，完善自己对年、月、日的知识体系，完成表 2—20。

一年有（　　）个月，其中大月有（　　）
天，小月有（　　）天。
平年的 2 月有（　　）天，闰年的 2 月有
（　　）天。

表　2—20

上半年		下半年		全年		星期	
第一季度	第二季度	第三季度	第四季度	平年	闰年	平年	闰年
（　）月 （　）月 （　）月	（　）月 （　）月 （　）月	（　）月 （　）月 （　）月	（　）月 （　）月 （　）月	（　）天	（　）天	（　）个星期 （　）天	（　）个星期 （　）天

通常每 4 年里，有（　　）个平年
（　　）个闰年，公历年份是 4 的倍数一般是
闰年，但公历年份是整百数的必须是（　　）
的倍数的才是闰年。

✔ **调查2**：亲爱的同学们，关于年、月、日，还有很多学问哦！例如，农历、二十四节气、公共节假日等。请你继续探究：

1. 查阅资料，完成表 2—21 和表 2—22。

2. 全班交流，并分享你的发现。进一步完善自己对年、月、日的知识体系，设计关于"年、月、日"的思维导图。

表　2-21

二十四节气时间表

节气名称	时间	节气名称	时间	节气名称	时间
立春		雨水		惊蛰	
春分		清明		谷雨	
立夏		小满		芒种	
夏至		小暑		大暑	
立秋		处暑		白露	
秋分		寒露		霜降	
立冬		小雪		大雪	
冬至		小寒		大寒	

表　2-22

中国公共节假日时间表

节日名称	时间	节日名称	时间

其他方面：_____

_____

设计意图

　　学生走进生活，与同伴进行多方调查、交流、分析，形成年、月、日知识体系，并用自己喜欢的方式，如思维导图，表格式，图文结合等，进行归类整理。学生可以用个性化的方式展示成果，让学生的思维外显化。

核心素养

　　量感　数据意识　推理意识

学习任务 3 我的设计

设计台历：咨询或查阅制作台历的相关问题和制作细节，完成设计方案的初步构思。

1. 咨询相关制作部门，或查找制作一个台历所需的材料、尺寸等信息，可以结合主题，寻找深圳特色，构思自己台历的形状、LOGO、图片等细节，填写在表 2-23 中。

2. 小组内明确各自的任务。

表 2-23

《我的 DIY 台历》制作明细	
内页材料、尺寸、张数	
封面设计、形状	
支架材质、尺寸	
装订方式	
风格	
……	

设计意图

学生通过学习共同体合作讨论、咨询和查找资料，再到构思、分工设计等一系列的活动，在反复修改中完善方案。

核心素养

数感　量感

学习任务 4 我的制作

请各小组共同制作一个 DIY 创意台历，并给作品命名，把作品照片粘贴在下框内。

我的 DIY 台历

学生已经具备基本数学学科知识，开始分组制作台历。在制作过程中，他们亲身体验了不同学科的融合。学生可以对台历进行修饰，添上深圳的特色景点、美食地标等元素，以达到宣传美丽深圳的效果。学生运用信息化手段进行美术设计，在"做中学"数学，最后又在"用中学"数学，还原生活数学，使学生的应用意识得到了培养。

核心素养

应用意识

学习任务 5　我的展示

创意日历大展示：

1.各组同学交流自己在制作过程中遇到的问题、需要注意的细节以及最满意的方面等，请每人完成一篇关于制作过程的感想。

2.每人完成评价量表。

3.评选出最有创意奖、最佳合作奖等。

设计思路

项目学习是以现实问题为导向，以真实有意义的任务为驱动，实现学生在"做中学"的学习方式。项目学习下的数学活动是以数学课程为基础，整合多学科，充分地将数学与生活实践相结合，进而培养学生应用意识，使学习真实发生。根据教材和学生的需求，"年、月、日"模块内容整体作业设计成系列项目化作业设计，分成不同的学习任务安排学生在课前、课中、课后不同学习阶段完成。以项目学习的形式让学生经历收集信息、整理信息、得出结论的过程。根据"新课标"的要求，教师要引导学生有意识地利用数学知识解决生活问题。我们知道数学源于生活，又高于生活，最终数学又要服务于生活。学生有意识地"用数学"才能将知识升华，根植于心。

本项目式学习思维导图如图2-11所示。

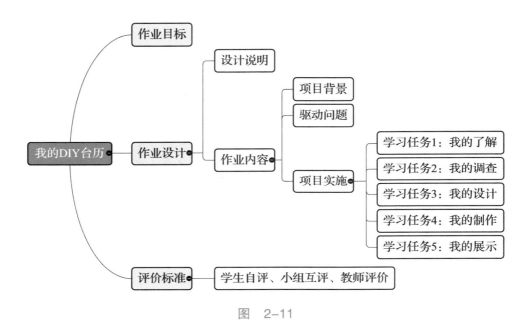

图　2-11

进一步思考

　　通过这次项目式学习，学生设计了一款有创意的台历，了解了年、月、日相关知识。那么，对于以后深圳举办的值得纪念的活动或发生的事件，我们能否设计类似的项目式学习，以持续激发学生的学习兴趣和动力呢？

评价方式

评价方式见表2-24。

表 2-24

学生自评	
评价内容	评价填写（打"√"或"×"）
1. 在这次项目作业中，你最喜欢的是哪个学习任务	
2. 在这次项目作业中，你收集信息、资料的途径有哪些	
3. 通过这次项目作业，你是否对"年、月、日"相关知识更加了解了	
4. 你认为这次项目作业，小组合作是否有必要	
5. 在这次项目作业中，你能顺利完成每项任务吗	
6. 你对这次项目作业成果是否满意	
7. 你们小组在作业中遇到的最大困难是什么，你们是怎样合作克服困难的	
8. 在这次项目作业中，你最大的收获是什么	
9. 你觉得还需要在哪方面继续努力	
10. 你喜欢这次项目作业吗	
11. 这次作业，请给自己一个综合评价	我很棒 □ 我还行 □ 我要努力 □

小组互评	
评价内容	评价之星
1. 学习卡完成情况	☆ ☆ ☆ ☆
2. 小组分工合作，收集整理数据情况	☆ ☆ ☆ ☆
3. 小组分析、解决问题能力	☆ ☆ ☆ ☆
4. 小组合作设计制作台历情况	☆ ☆ ☆ ☆
5. 小组展示情况	☆ ☆ ☆ ☆

老师评价	
评价内容	评价之星
1. 能通过查阅资料，收集整理数据、分析数据	☆ ☆ ☆ ☆
2. 能与同伴沟通，合作交流	☆ ☆ ☆ ☆
3. 能发现和提出问题，进而分析和解决问题	☆ ☆ ☆ ☆
4. 能运用"年、月、日"相关知识解决问题	☆ ☆ ☆ ☆
5. 能运用数学、美术、信息技术等学科知识设计和制作台历	☆ ☆ ☆ ☆

备注：给每项后面的☆涂上颜色，涂满4个为做得最好

[设计者：林晓敏 / 深圳市福田区荔园外国语小学香蜜湖校区]

度量小能手
——面积单位实践作业

08

作业目标

- 经历指定面积单位正方形的制作过程，加深对面积单位大小的认识，理解指定面积单位正方形制作的规则。
- 经历用指定单位面积的正方形估、测一些物体表面面积的过程，理解度量活动的实质是用单位去度量，同时建立几平方厘米、几平方分米、几平方米的表象，积累数学活动经验，发展量感。
- 经历选择合适的计量单位的过程，加深对面积单位的认识，增强应用意识。

作业属性

作业类型

书面作业 ☑ 　　非书面作业 ☑ 　　课时作业 ☑ 　　单元作业 ☐

作业功能

课前预习 ☐ 　　课堂练习 ☐ 　　课后复习 ☑ 　　单元复习 ☐

适用学段

义务教育第二学段（3~4年级）

设计内容和思路

设计内容

同学们，我们已经认识了 1 平方厘米、1 平方分米、1 平方米，它们可是测量面积的重要"工具"，让我们一起到生活中寻找它们的踪影吧！

任务 1　做一做

制作若干个 1 平方厘米、1 平方分米和 1 个 1 平方米的正方形。

我想用卡纸来做，它不容易破损。

1 平方米很大，我想找一些旧报纸来拼一拼。

设计意图

本作业设计是在学生认识了平方厘米、平方分米、平方米之后而设计的作业。通过制作这些面积单位的正方形，能加深学生对面积单位实际大小的感知，有助于他们建立面积单位的量感，为后续活动做好准备。

核心素养

量感　空间观念

任务 2　量一量

你想测量身边哪些物体表面的面积？如书桌、门、橡皮擦、邮票……用哪个面积单位的正方形去测量更合适？请你先估一估，再量一量，并记录在表 2-25 中。

我想测量妈妈手机屏幕的面积，用 1 平方厘米的正方形量比较合适。

我想测量客厅 1 块地砖的面积，用 1 平方分米的正方形试试看。

同学们，你也来试试吧！先估一估，再量一量。

表 2-25

测量对象	用哪个面积单位的正方形	估测结果	实测结果（大约）
（　　　）的面积			
（　　　）的面积			
（　　　）的面积			
（　　　）的面积			
（　　　）的面积			
（　　　）的面积			
（　　　）的面积			
（　　　）的面积			

设计意图

在测量活动中，经历选择合适的面积单位的正方形并用该正方形去度量物体表面积的过程，进一步加深学生对几平方厘米、几平方分米、几平方米的面积量感，同时体会面积度量的本质就是用合适面积单位的正方形去铺满一个面，用了几个面积单位的正方形，面积就是几平方厘米/分米/米。

核心素养

量感　空间观念

任务3　填一填

读读下面的小故事，在（　　　）里填上合适的单位名称。

有一天，鹏鹏邀请甜甜到自己家做客。甜甜家距离鹏鹏家1.5（　　　），她步行了25（　　　）到达。鹏鹏热情地迎接甜甜，向她介绍道："我家客厅的面积大约是35（　　　），客厅摆放了1个2（　　　）长的沙发，墙上挂着1台65英寸的电视。我妈妈允许我放学后看15（　　　）电视，电视屏幕大约有1.5（　　　）大，沙发离电视屏幕有4（　　　）远，不会太伤眼睛。"

"再到我房间里看看。我平时就在这张书桌旁学习，书桌高75（　　　），坐着正合适，书桌面的面积大约是90（　　　）。到了晚上9（　　　），我就收拾东西准备睡觉。我这张床长2（　　　），宽1.5（　　　），我和哥哥一起睡都不挤。这个床头柜和床是配套的，柜子上面的面积大约是 20（   ）。这是我最喜欢的小闹钟，钟面的面积大约是 40（   ）。每晚我会先调好小闹钟，然后安静地入睡。"

设计意图

　　学生大多数都有去朋友家拜访的经历，但是比较少关注家中的数学信息。这个小故事贴近学生的生活，能培养学生用数学的眼光观察现实生活的素养。其次，小故事中融入了面积单位、时间单位、长度单位等多种计量单位，将新旧知识串联起来，也将长度单位与面积单位作进一步的区分，综合训练孩子们选用合适单位的能力，帮助学生更好地形成量感。

核心素养

　　量感　　应用意识

任务4 画一画

　　请你在下面方格纸（图2-12）中设计一款杯垫，再数一数杯垫的面积是多少平方厘米？（每格的边长看作1厘米）

图　2-12

我设计的杯垫的面积是（　　　）平方厘米。

设计意图

这是一道与生活紧密联系的作业题，学生将结合生活中对玻璃杯大小的经验感知来设计杯垫的大小。在课堂学习和前述作业中，学生能对 1 平方厘米、几平方厘米建立比较好的量感，但对几十平方厘米的量感就比较难建立。由于 1 平方分米等于 100 平方厘米，两者之间差距较大，因此学生需要多次经历才能有效建构这一量感。而杯垫的大小一般是几十平方厘米，这为学生提供了有效建立量感的机会。同时，学生可以发挥创意，特别是通过设计一些 0.5 平方厘米的图案来积累数格子的经验，为以后学习多边形的面积打下基础。

核心素养

量感

面积单位我知道

1. 平方毫米是比平方厘米还小的单位。边长为 1 毫米的正方形面积是 1 平方毫米（mm²）。同学们，你们能画出 1 平方毫米的图形吗？

2. 比平方米更大的面积单位有：公顷、平方千米。查阅资料，看看 1 公顷、1 平方千米（km²）分别有多大，是用于描述什么场合的面积呢？

3. 你还知道哪些面积单位？（亩、平方公里、平方英尺……）

设计思路

"新课标"中指出，数学源于对现实世界的抽象。图形的面积教学要让学生在具体情境中直观感知面积的概念，经历选择面积单位进行测量的过程，理解面积的意义，形成量感。

学生在此课时之前已经初步理解了面积的概念，积累了比较图形面积的直接经验。这节课的主要学习目标是体会统一度量单位的必要性，并认识几个常见的面积单位。为了让学生充分建构平方厘米、平方分米、平方米这几个面积单位的量感，本作业设计以测量活动为主线，通过"做一做""量一量""填一填""画一画"的学习任务，引导学生学会制作指定面积单位的正方形、用合适的单位度量、选择合适的单位描述量等，发展量感。

其中，"做一做"环节通过让学生动手制作指定单位面积的正方形，感受每个面积单位到底有多大，聚焦学生对面积单位大小的理解。"量一量"环节聚焦学生在面对不同的测量实物时，能否选择合适的度量单位，能否正确进行测量。"填一填"环节进一步训练学生根据具体实例选择合适的计量单位的能力。"画一画"这一任务则是承担了学习支架和学习检测的双重功能。由于相邻的两个面积单位之间的进率是100，1平方分米等于100平方厘米，两者之间的大小相差较大，需要多次经历才能建构起关联。而通常的杯垫大小约是几十平方厘米，这能有效充当平方厘米和平方分米之间的桥梁。同时，杯垫创作也是检测学生量感构建情况的有效工具。

进一步思考

老师们还可以开展一些校园内的面积测量实践活动。例如，测量课桌桌面的面积、椅子椅面的面积、一块地砖的面积、升旗台的面积等，以丰富学生的操作经验，帮助他们准确建立面积单位的量感。

评价方式

请在表 2-26 中对你在这次作业练习中的表现进行评价（把每项后面的☆涂上颜色，涂满 5 个为做得最好）。

表 2-26

学生自评	
评价内容	评价之星
1. 我能制作 1 平方厘米的正方形	☆ ☆ ☆ ☆ ☆
2. 我能制作 1 平方分米的正方形	☆ ☆ ☆ ☆ ☆
3. 我能制作 1 平方米的正方形	☆ ☆ ☆ ☆ ☆
4. 我能选择合适的面积单位来测量 / 描述面积	☆ ☆ ☆ ☆ ☆
5. 我能较准确地估计物体表面的面积	☆ ☆ ☆ ☆ ☆
6. 我能设计大小合适的杯垫	☆ ☆ ☆ ☆ ☆
7. 我能通过查阅资料了解更多面积单位的知识	☆ ☆ ☆ ☆ ☆
8. 这次活动对我来说（打"√"）	简单 □ 适中 □ 有挑战 □

［设计者：赖琪雯、赖雯硕 / 深圳市福田区红岭中学（集团）深康学校

刘志峰 / 深圳市福田区红岭中学（集团）华富实验学校］

元旦晚会上的抽奖大转盘
——项目式作业设计

09

作业目标

- 通过对生活中已有抽奖转盘奖项设置的观察与分析，感受并理解抽中某一奖项可能性的大小，培养学生数据分析和运用能力。

- 通过运用所学平均分、倍数关系和画角方法，科学地设计抽奖转盘奖项比例，提高学生的应用意识与运算能力。

- 在自主、合作学习过程中，提高学生自主探究、解决问题和自我学习的能力。

- 在设计抽奖转盘的外观，绘画、裁剪、制作实物的过程中，提高学生的审美能力和创新意识。

作业属性

作业类型 🖊

书面作业 ☐　　非书面作业 ☑　　课时作业 ☐　　单元作业 ☐

作业功能 🖊

课前预习 ☑　　课堂练习 ☐　　课后复习 ☑　　单元复习 ☐

适用学段 🖊

义务教育第二学段（3~4年级）

设计内容和思路

设计内容

一、项目的主题

制作"元旦晚会上的抽奖大转盘"。

二、相关联课程

数学——转盘奖项的可能性大小设置、用量角器画角、转盘支架中三角形的稳定性；语文——语言表达与展示；科学——地球引力的影响；信息技术——上网查阅和收集资料；美术——设计及动手制作抽奖转盘；综合实践——采购制作抽奖转盘所需物品。

三、项目的情境

学校正在筹划元旦迎新晚会，精心排练了各种文艺节目。节目供台下学生和教师观看，虽欣赏度高，但互动性及趣味性不强。因此，学校计划在晚会中增加抽奖环节。经了解，市场上现有的抽奖转盘功能和设计较局限，不能满足学校学生人数众多以及奖项合理等要求。作为游戏设计师，你和你的团队将对市场抽奖转盘进行调研并设计合适的抽奖转盘。请你们首先确定需要了解的内容，接着通过学习和数据的分析，结合具体需求，设计出奖项及概率合理的抽奖转盘，以供迎新晚会使用。

四、项目的问题

本质问题：如何利用可能性的大小设计活动。

数学本质知识和素养：随机现象、可能性、应用意识、创新意识。

驱动问题：如何设计及制作一个合理又有趣的"元旦晚会上的抽奖大转盘"。

五、项目的成果

①小组项目计划书；②一个合理又有趣的抽奖大转盘；③成果汇报展示（实物展示）；④项目活动报告。

六、项目的过程

前置任务

根据组间同质、组内异质原则，将全班分成若干组，确定组长和组员。

子任务一

项目的前期准备——子任务一任务设计，见表2-27。

表 2-27

任务名称	项目前期准备	任务时长	1 周
任务简述	此任务旨在让学生明确项目式学习的意义、目的和操作流程。了解此项目的背景情境，明确项目任务和项目角色，帮助学生顺利进入项目流程		
任务目标	了解项目流程和项目主题；了解市场上已有抽奖转盘款式；完成元旦晚会上的抽奖大转盘市场调查表（以下简称"市场调查表"），见表2-28。		
子任务驱动问题	元旦迎新晚会需要增加转盘抽奖环节，以增加晚会的互动性和趣味性。作为游戏设计师，请你调查市场上已有的转盘款式，了解抽奖转盘的基本构造，并完成市场调查表		
任务成果	个人成果：通过观察生活、询问家长或上网查阅和收集已有抽奖转盘的设计，并完成市场调查表 小组成果：汇总本组内不同成员收集的款式，进行整理分析，得出抽奖转盘的基本构造 展示形式：项目组分组汇报		
任务过程	收集资料：通过项目组成员观察生活、询问家长或上网查阅和收集已有抽奖转盘的款式，并完成市场调查表 组内交流：组长主持，小组成员轮流分享自己的结论，最终汇总本组内不同成员收集的款式，进行整理分析，得出抽奖转盘的基本构造 项目组汇报：各小组推选一人为代表分享本组的结论，最终汇总全项目组成员收集的款式，得出抽奖转盘的基本结构		
任务评价	小组评价：教师和项目组所有成员对小组市场调查表进行非本组他评		
任务资源	市场调查表、计算机、纸笔		

表 2-28

班级		组名		姓名	
任务要求	收集日常生活中或上网查找抽奖大转盘的款式，了解每个款式基本组成部分的名称及作用，画一画、标一标。善于观察和发现的你如果找到更多款式，继续在表中列出				
款式一					
款式二					
款式三					
款式四					

设计意图

　　此任务旨在让学生通过对生活中已有抽奖转盘奖项设置的观察与分析，了解抽中某一奖项具有不确定性，观察转盘不同奖项概率，感受并理解抽中某一奖项可能性的大小。同时，通过数据分析和现实验证，感受并理解转盘支架中三角形最稳定，建立三角形具有稳定性的这一模型。

核心素养

　　数据意识　模型意识

子任务二

设计合理、有趣的元旦晚会抽奖转盘——子任务二任务设计，见表2-29。

表 2-29

任务名称	设计合理、有趣的元旦晚会抽奖转盘	任务时长	1周
任务简述	此任务中学生根据对抽奖转盘的了解，运用随机现象、可能性大小的概率等知识，设计合理、有趣的元旦晚会抽奖转盘		
任务目标	能设想合理、有趣的不同等级的奖项；能根据可能性大小的概率，运用所学平均分、倍数关系和画角方法，科学地设计抽奖转盘奖项比例		
子任务驱动问题	如何设计有趣的奖项，让学生和老师喜爱；如何设置奖项的比例，提高抽奖活动的趣味性和现场的紧张感		
任务成果	个人成果：一个元旦晚会抽奖转盘的设计方案 小组成果：综合本组成员好的设计方案，在一份最优设计方案上修改，使之成为本组设计方案 展示形式：项目组分组汇报展示		
任务过程	校园调查：组员询问调查学生、教师喜爱的奖品类型 初定奖项：根据调查结果及组员新增创意奖品，确定抽奖转盘中的奖项 完善奖项：组员探讨或咨询家长、教师，修改初定奖项，设置更合理、有趣的奖项 计算奖项比例：根据奖项内容及可能性大小的知识，计算各奖项抽中的合适比例 设计初稿：根据奖项和奖项比例，绘制抽奖转盘初稿（草稿） 组内交流：组长主持，小组成员轮流分享自己的设计方案，最终综合本组成员好的设计方案，在一份最优设计方案上修改，使之成为本组设计方案 项目组汇报：各小组推选一人为代表展示本组的设计方案		
任务评价	小组评价：教师和项目组所有成员对小组设计方案进行非本组他评		
任务资源	计算机、纸笔、画图工具		

子任务三

制作抽奖大转盘——子任务三任务设计，见表2-30。

表 2-30

任务名称	制作抽奖大转盘	任务时长	1周
任务简述	此任务中学生根据子任务二的设计方案制作抽奖大转盘		
任务目标	根据子任务二的设计方案设计奖项和比例；组员自己采购所需物品、设计外观、画图、上色、裁剪，制作出一个完整的抽奖大转盘		
子任务驱动问题	如何根据子任务二的设计方案制作出外观精致、美观、可操作的抽奖大转盘		

（续）

任务名称	制作抽奖大转盘	任务时长	1 周
任务成果	小组成果：根据子任务二的设计方案制作出外观精致、美观、可操作的抽奖大转盘 展示形式：项目组分组汇报，展示成品		
任务过程	外观初设计：小组合作，根据本小组奖项设置的特点，设计有特色的转盘外观 外观设计定稿：探究、分析设计的合理性和可操作性，确定外观设计的终稿 物品采购：以小组为单位，根据本组设计方案，采购制作转盘所需物品 转盘制作：小组合作，自己画图、上色、裁剪、组装，制作出一个完整的抽奖大转盘 组内试行：组内试运行抽奖大转盘，观察、分析是否可操作 项目组汇报：各小组推选代表展示本组的抽奖大转盘		
任务评价	小组评价：教师和项目组所有成员对小组项目成品进行非本组他评		
任务资源	制作材料、纸笔		

设计意图

此任务中学生通过设计抽奖转盘的外观，绘画、裁剪，制作出实物，提高他们的审美等艺术表现技能。

核心素养

量感　几何直观　运算能力　创新意识

子任务四

项目成果汇报——子任务四任务设计，见表 2-31。

表　2-31

任务名称	项目成果展示	任务时长	0.5 周
任务简述	此任务中所有项目组将现场汇报项目的阶段性工作成果和最终成果，最受欢迎的抽奖大转盘将在元旦迎新晚会上使用		
任务目标	能积极组织汇报活动；能顺利汇报展示小组成果		
子任务驱动问题	你能综合运用数学知识和其他知识展示你们小组的成果吗		
任务成果	小组成果：项目成果汇报 展示形式：项目组公开汇报，展示成品		
任务过程	前期会议：小组召开会议，明确汇报所需材料和分工 资料准备：组员分工整理好汇报的阶段性成果和最终成品 汇报准备：小组成员分工制作 PPT，准备汇报演讲稿和相关汇报辅助资料 展示汇报：项目组公开汇报，展示成品		

任务名称	项目成果展示	任务时长	0.5 周
任务评价	小组评价：教师、同学、专家对所有项目成品进行综合评价		
任务资源	计算机、投影仪		

设计意图

此任务通过学生展示、分享本组制作的抽奖转盘，提高他们的语言表达能力，并让学生在享受成果的过程中增加对数学学习的喜爱。

核心素养

应用意识　创新意识

设计思路

这一份作业为项目式作业，以数学学科为主，融合了语文、科学、信息技术、美术和综合实践课程。我们创设了为学校元旦晚会制作抽奖转盘的真实情境，以学生为主体，引导学生思考完成这一挑战需要解决的问题。让学生经历"发现问题—提出问题—分析问题—解决问题"的过程。同时，引导学生以解决问题为导向，制订完整计划，并逐步实施。让学生在真实的情境中认识真世界、解决真问题、经历真实的学习过程，真正地提高学生量感、数感、数据意识、运算能力、创新意识等核心素养。

进一步思考

数学知识能解决生活中许多问题，将真问题、大问题细化成学生所学知识点，是学以致用的重要方式。老师们还可以开展一些项目式活动，例如，包装礼物、设计校园艺术展等，以提高学生综合素养。

评价标准和方式

评价标准

①进行"元旦晚会上的抽奖大转盘"项目的评价,应结合过程性评价和总结性评价。在项目实施过程中,评价项目活动和子项目的阶段性成果;在项目结束后,评价本质知识掌握情况和最终的项目成果。

②评价主要为他评,评价人员包括项目其他小组、教师和项目相关专家。

③小组每项"评价方面"得分 = 评价人员评分之和 ÷ 评价人员总人数。

④小组总分为各项评价总和。

评价方式

评价方式见表 2-32、表 2-33、表 2-34、表 2-35 和表 2-36。

表 2-32

评价方面	项目前期准备	评价对象	组	评价方式	他评
评价维度	具体内容			满分	得分
市场调查表内容	调查款式样例多;转盘的基本构造标示清晰;转盘绘制美观			50分	
团队合作	小组汇报分工明确;小组汇报的内容能体现出是小组汇总结果			20分	
展示效果	汇报思路清晰;汇报语言表达生动;汇报形式新颖;汇报过程引共鸣,多互动			30分	
总计					

表 2-33

评价方面	设计合理、有趣的元旦晚会抽奖转盘	评价对象	组	评价方式	他评
评价维度	具体内容			满分	得分
转盘奖项	设计的奖项可行性强;奖项符合学生需求;奖项内容丰富;奖项有趣,能调动晚会现场氛围			30分	
奖项比例	奖项比例符合逻辑;奖项比例能增加现场紧张感			30分	
设计稿	奖项内容呈现明确;比例呈现形式有新意;设计稿整洁美观			20分	
团队合作	小组汇报分工明确;小组汇报的内容能体现出是小组汇总结果			10分	

评价方面	设计合理、有趣的元旦晚会抽奖转盘	评价对象	组	评价方式	他评
评价维度	具体内容			满分	得分
展示效果	汇报思路清晰；汇报语言表达生动；汇报形式新颖；汇报过程引共鸣，多互动			10分	
总计					

表 2-34

评价方面	制作抽奖大转盘	评价对象	组	评价方式	他评
评价维度	具体内容			满分	得分
外观设计	设计科学合理；设计美观；设计创意性强			25分	
外观制作	裁剪细致；粘贴美观；转盘规格适合晚会			25分	
物品采购	花费少；成品好；性价比高			10分	
团队合作	小组汇报中呈现所有小组成员在子项目中的相关工作；小组汇报分工明确			20分	
展示效果	汇报思路清晰；汇报语言表达生动；汇报形式新颖；汇报过程引共鸣，多互动			20分	
总计					

表 2-35

评价方面	项目成果展示	评价对象	组	评价方式	他评
评价维度	具体内容			满分	得分
汇报内容	汇报内容丰富			40分	
汇报形式	汇报思路清晰；汇报语言表达生动；汇报形式新颖；汇报过程引共鸣，多互动			40分	
团队合作	小组汇报中呈现所有小组成员在子项目中的相关工作；小组汇报分工明确			20分	
总计					

表 2-36

评价方面	项目总分	评价对象	组	评价方式	各项评价总和
子任务	平均分				总得分
一					
二					
三					
四					

［设计者：尹俊／深圳市福田区下沙小学］

牙签桥

——三角形稳定性实践作业

作业目标

- 通过实践操作，学生能进一步体会三角形稳定性的特征。
- 培养学生动手能力和数学的应用意识。
- 鼓励学生积极参与数学活动，感受数学与生活的密切联系，从而激发他们对数学的兴趣。

作业属性

作业类型 ✎

书面作业 □　　非书面作业 ☑　　课时作业 □　　单元作业 □

作业功能 ✎

课前预习 □　　课堂练习 □　　课后复习 ☑　　单元复习 □

适用学段 ✎

义务教育第二学段（3～4年级）

设计内容和思路

设计内容

建议操作步骤：

1. 准备工作。

① 需要的材料有：尺子、热熔胶枪（或 502 胶水）、美工刀、牙签等。

② 搜集和了解有关桥梁的资料。

2. 先构思，再画出牙签桥的示意图。

① 思考：桥墩、桥梁、桥面的结构都是怎样的？

② 绘图：把自己心目中的牙签桥画出来。

3. 为保证安全，制作过程中需要家长陪同或者帮忙。

4. 制作完成后进行承重实验。

5. 展示作品，分享制作方法和过程，开展评价活动。

设计意图

本次作业设计利用"三角形稳定性"的原理，用生活中常见的牙签搭建出最稳固的牙签桥，并测试它的承重能力。

核心素养

模型意识　应用意识　创新意识

牙签桥制作小贴士

1. 牙签应该选择比较粗的，这样可以更好地承受压力。
2. 胶水应该选择黏性比较强的，以保证牙签之间的连接牢固。
3. 辅助工具需要精心挑选，以保证制作过程的顺利进行。

4. 制作牙签桥需要耐心和细心，因为任何一个环节出错都可能导致整个制作失败。

5. 在粘贴牙签时，需要保证胶水涂抹均匀，以免影响牙签桥的牢固程度。

6. 在测试承重能力时，需要逐渐增加重物，以评估桥梁的承重限度。

设计思路

三角形具有稳固且耐压的特点，例如，在埃及金字塔、三角形框架、起重机、三角形吊臂、屋顶、钢架桥和埃菲尔铁塔等建筑和结构中都广泛运用了三角形的形状。本次作业设计基于北师大版小学《数学 四年级 下册》第二单元"认识三角形和四边形"一课的"图形分类"练一练第 4 题：用牙签搭一座桥。

挑战自我：用牙签搭一座桥。

搭"牙签桥"为学生提供了一个全新的动手实践的机会，这个挑战活动从不同的角度验证了三角形的稳定性特征，激发了学生对数学学习的兴趣。另外，在三年级综合实践活动课程中（《综合实践活动指引·三年级》，深圳出版社），第六课"小小设计师——小桥流水人家"的主题活动为设计"桥"。此次实践作业让学生初步了解桥梁设计的思路和方法，促进了学科知识交叉融合，有效地培养了学生综合运用知识的能力。

进一步思考

老师们还可以开展一些应用三角形稳定性的生活实践调查活动。例如，照相机的脚架、纸桥、埃菲尔铁塔等，并设计与之相关的探究实践小活动，例如，纸桥承重、埃菲尔铁塔的构造等。

评价标准和方式

评价标准

　　学生如果能够运用三角形的稳定性，用牙签搭出一座桥，并使其具有一定的承重性，则达到了学以致用的效果，达到了预期的学习目标。通过动手操作，培养学生初步的应用意识。

学生的作品展示

　　承重实验。刚开始我让班上的学生猜：牙签桥上能放几个小组的作业本？很多同学猜测是 3～4 组，当我把讲台上的作业本逐一放上去，直到全班同学的作业本都放上去的时候，学生都很惊讶，看似不起眼的小小牙签桥，原来稳定性这么好。这个实验直观地验证了三角形具有稳定性的特点。图 2-13 为学生制作的牙签桥，图 2-14 为牙签桥承重实验。

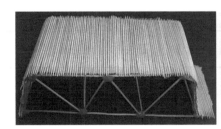

图　2-13

图　2-14

　　学生通过制作牙签桥，直观地了解了三角形的特性以及在生活中的应用，感受到了数学源于生活的神奇，制作牙签桥提高了学生"学数学、用数学"的意识和能

第二篇　做中学

力。小小牙签桥承载的不仅是学生的智慧，它更是学生收获的见证，当数学回归到生活时，一切都变得那么奇趣无比。

评价方式

请在表 2-37 中对你在这次实践操作活动中的表现进行评价（把每项后面的 ☆ 涂上颜色，涂满 5 个为做得最好）。

表 2-37

学生自评	
评价内容	评价之星
1. 在动手操作前，我能提前查阅资料、准备好材料	☆ ☆ ☆ ☆ ☆
2. 我能利用三角形稳定性的特征制作"牙签桥"	☆ ☆ ☆ ☆ ☆
3. 做完之后，我进行了承重实验	☆ ☆ ☆ ☆ ☆
4. 我能主动解决完成作业过程中遇到的问题	☆ ☆ ☆ ☆ ☆
5. 这次实践操作活动对我来说（打"√"）	简单 □　适中 □　有挑战 □

［设计者：刘绿音 / 深圳市福田区红岭实验学校（上沙）小学部］

三角形变变变

——探索与发现三角形内角和、
认识三角形

11

作业目标

- 通过探究活动一，再次经历量、摆、拼等直观操作活动，根据三角形内角和等于180°，类比发现四边形的内角和是360°。还可以通过图形分割，将四边形的内角和问题转化为三角形的内角和问题，把未知转化为已知。
- 通过探究活动二，分析、想象、作图，丰富三角形概念内涵，加强学生对三角形的认识。
- 通过亲历探索发现的过程，进一步发展学生的空间观念，体验解决问题策略的多样化。
- 体验数学思考与探究的乐趣，激发学生数学学习的兴趣。

作业属性

作业类型 ✎

书面作业 ☑   非书面作业 ☑   课时作业 ☐   单元作业 ☑

作业功能 ✎

课前预习 ☐   课堂练习 ☐   课后复习 ☑   单元复习 ☐

适用学段 ✎

义务教育第二学段（3~4年级）

设计内容和思路

设计内容

同学们，学完"三角形内角和"这一课的内容后，你们已经对三角形有了比较直观、清晰的认识，能够根据三角形的特点对三角形进行分类，并探索发现了三角形的内角和等于180°。在下面两个探究活动中，你可以任选一个进行研究、探索，期待你们的发现哦！

探究活动一　探索多边形内角和

我们已经知道三角形内角和是180°，那么，四边形的内角和又等于多少？

试着画一画、拼一拼、算一算，你能找到其中的规律吗？请记录在表 2-38 中。你能不能推导出多边形内角和的计算方法呢？部分学生作品如图 2-15 所示。

表　2-38

图形	△				n 边形
边数	3	4	5	6	n
内角和	180°×1	180°×2	180°×（　　）	180°×（　　）	180°×（　　）

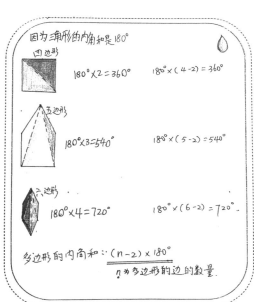

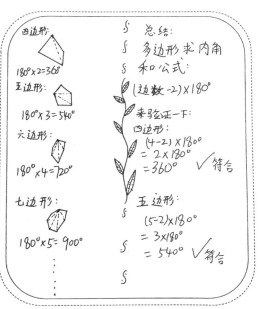

图　2-15

探究活动二　剪一刀，会怎么变

　　如果一个三角形被剪一刀，它可能被分割成两个什么三角形？在你认为可能的结果后打"√"，并写一写你这样判断的理由，可以作图辅助说明，也可以推理说明。部分学生作品如图 2-16 所示。

A. 锐角三角形＋钝角三角形（　　）　　B. 锐角三角形＋直角三角形（　　）

C. 直角三角形＋钝角三角形（　　）　　D. 直角三角形＋直角三角形（　　）

E. 锐角三角形＋锐角三角形（　　）　　F. 钝角三角形＋钝角三角形（　　）

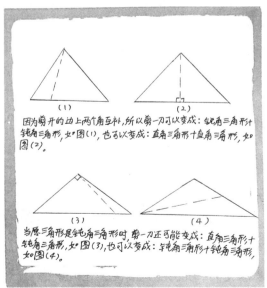

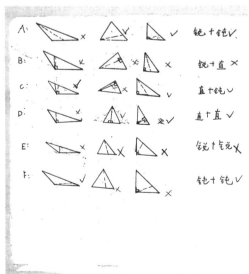

图　2-16

第二篇　做中学

1.通过分析、想象、作图，丰富三角形概念内涵，加强学生对三角形的认识。

2.通过分类讨论和推理证明，渗透分类的思想方法，强化学生的说理能力。

核心素养

几何直观　推理意识　空间观念

设计思路

"新课标"要求

认识三角形，会根据图形特征对三角形进行分类；会根据角的特征对三角形进行分类，认识直角三角形、锐角三角形和钝角三角形；通过对图形的操作，感知三角形内角和是 $180°$ 。

学生学情

学生在一年级下学期已经初步认识了三角形，在此基础上，本单元将进一步认识三角形的特点和性质。本次作业为探究型作业，通过探究活动一、二，让学生再次经历量、摆、拼等直观操作活动，并通过图形分割等方法，将多边形的内角和问题转化为三角形的内角和问题，把未知转化为已知。在探索发现的过程中，进一步发展空间观念，体验解决问题策略的多样化。通过分类讨论和推理证明，培养学生的分类讨论思维方式，强化学生的说理能力，进一步发展学生的空间观念。

进一步思考

老师们还可以引导学生思考：关于三角形还有哪些未知的领域值得我们去探索？多边形的内角和与三角形有着这么密切的联系，那么，能不能也由此推导出多边形的其他性质呢？三角形"剪一刀"引发了这么有趣的问题，那么，如果是用三角形拼一拼呢，还能有新的发现吗？

评价标准和方式

评价标准

参考答案

✔ **探究活动一**

四边形内角和 = 360° 。

表中答案分别为 3，4，$n-2$。

✔ **探究活动二**

ACDF，可以通过画图说明，合理即可。

评价方式

评价方式见表 2-39。

表 2-39

学生自评	
评价内容	评价填写（打"√"或"×"）
1. 你喜欢探究和推理	
2. 你能借助"动手操作、观察比较"解决问题	
3. 你能通过画一画、拼一拼找到多边形与三角形内角和的关系	
4. 你能借助"剪一剪"探索三角形新的特点	
5. 你能主动解决在完成作业过程中遇到的问题	
6. 这次作业，请给自己一个综合评价	优秀 □　良好 □　需要努力 □

教师评价			
评价内容	优秀	良好	继续努力
1. 能主动探索、观察比较，积极思考			
2. 能借助"动手操作、观察比较"解决问题			
3. 能通过画一画、拼一拼找到多边形与三角形内角和的关系			
4. 能借助"剪一剪"探索三角形新的特点			
5. 会把未知转化为已知，体验解决问题策略的多样化			
6. 能主动解决完成作业过程中遇到的问题			
综合评价			
备注：在合适的等级评价中打"√"			

[设计者：黄洁彬 / 深圳市福田区荔园小学通新岭校区]

我的数学故事书
——小数除法

作业目标

● 综合自身知识储备完成跨学科作业，激发梳理知识的兴趣，自主构建知识框架，积累用数学语言表达的经验，培养数据意识、模型意识、应用意识等核心素养。

● 提供多种表现形式供学生选择，培养创新意识，确保不同水平的学生都能在完成作业时获得成就感，从而提升他们的自我效能感。

● 根据作业表现形式的选择以及完成程度，多维度了解学情。

作业属性

作业类型 ✎

书面作业 ☑　　非书面作业 ☐　　课时作业 ☐　　单元作业 ☑

作业功能 ✎

课前预习 ☐　　课堂练习 ☐　　课后复习 ☐　　单元复习 ☑

适用学段 ✎

义务教育第三学段（5~6年级）

设计内容和思路

设计内容

❶ 包含内容

立足课本单元知识点；综合多学科知识储备情况；结合美术创意。

> **设计意图**
>
> 1.跨学科作业设计，激发对单元知识梳理汇总的兴趣，培养创新意识。
>
> 2.经历用数学语言表达的过程，发展应用意识。
>
> **核心素养**
>
> 模型意识　推理意识　应用意识　创新意识

❷ 表现方式

① 情景对话。

② 语言简述。

③ 举例说明。

④ 概念陈述。

> **设计意图**
>
> 1.使用情景对话和语言简述等方式时，可以将数字拟人化或者虚拟出多个卡通人物，针对某个知识点展开讨论。在对话过程中，学生对知识的理解更加深刻，从而培养他们的创新意识。
>
> 2.使用举例说明时，学生可以直观看到例题中涉及的知识点，增强知识点与题型的衔接，发展模型意识。
>
> 3.结合多种表现方式拓宽数学表达的途径，提高学生梳理知识的积极性。
>
> **核心素养**
>
> 模型意识　数据意识　推理意识

③ **样例展示**

样例如图 2-17 所示。

你错了，咱俩可差远了

情景对话 + 语言简述

就拿除数是整数的小数除法来说吧，小数除法就除呗，还要商的小数点与被除数的小数点对齐。

长得都一样，大小肯定也一样

就是就是，同样都是"4"，就因为一个站在了百分位上，它就只能表示 4 个 0.01。

举例说明 1

被除数	0.273	2.73	27.3	273	2730
除数	0.013	0.13	1.3	13	130
商	21	21	21	21	21

明明被除数和除数都扩大了相同的倍数，结果商都是一样的，就因为"商不变的性质"。

老师说，当遇到除数是小数的除法时，移动除数的小数点，使它变成整数后再计算。

举例说明 2

谁能想到除了移动除数小数点，还要移动被除数的小数点，说是"不能偏心"，就连移动的方向和数位都要相同！

$$12.6 \div 0.28 = 45$$

被除数后面没有那么多数位，不能像除数一样向右移动两位，老师告诉我，位数不够就补 0。不得不说，老师真是"端水大师"！

图 2-17

作业可以这样设计 小学数学

> **设计意图**
>
> 教师展示各个表现方式的使用样例，抛砖引玉。
>
> **核心素养**
>
> 创新意识

④ 作业表现形式

画报、手抄报、口袋书、连环画、立体书等。

> **设计意图**
>
> 学生可以根据个人兴趣灵活选择，以便提高学习主动性，培养自主学习的习惯，形成数据分析的意识。
>
> **核心素养**
>
> 数据意识　创新意识

⑤ 期末作业整理

将本学期单元知识梳理的作品装订在一起，一本个性化的专属"数学故事书"就完成了。

> **设计意图**
>
> 跨越整个学期的作业设计，可保持学生对知识梳理的新鲜感和对专属作品的期待感。
>
> **核心素养**
>
> 创新意识

设计思路

通过跨学科知识总结，学生可以巩固对单元知识的理解和应用，发展数据意识和应用意识；在多种表现形式梳理知识的过程中发展模型意识和创新意识，学会用数学思维探究现实世界、用数学语言表达现实世界。

进一步思考

可以选出优秀的情景对话式作业，在数学活动课上由学生以情景剧的方式演绎出来。

评价方式与作业分析

评价方式

请在表 2-40 中对你在这次作业练习中的表现进行评价（把每项后面的☆涂上颜色，涂满 5 个为做得最好）。

表 2-40

学生自评	
评价内容	评价之星
1. 知识梳理完整，没有疏漏或错误	☆ ☆ ☆ ☆ ☆
2. 利用多学科知识储备完成作业	☆ ☆ ☆ ☆ ☆
3. 选择多种表现方式，知识梳理生动形象	☆ ☆ ☆ ☆ ☆

作业分析

（一）表现方式的选择

① 45% 以上的学生选择"情景对话＋语言简述"。一部分学生知识储备充足且综合运用能力强，他们更倾向于选择这两种表现方式；一部分学生由于知识梳理能力较弱，为了弥补知识储备不足，他们会选择用这两种表现方式完成作业。

② 20% 左右的学生选择只使用举例说明。这种方式使表述更为直白清晰，知识点与例题衔接也更紧密。

③ 30% 左右的学生选择概念陈述。部分成绩一般的学生为了能够正确地完成作业，会选择这种较"安全"的方式。

（二）作业设计效果

对于学生来说：

① 能够根据自身的知识储备选择不同的表现方式，丰富作业完成的内容，养成自主梳理知识的习惯，发展应用意识。

② 跨学科设计能够引起学生自主探究的兴趣，让学生积极主动投入到完成作业的学习任务中去，发展创新意识。

③ 学生在梳理的过程中，能够将所学知识在头脑中具体化、结构化，构建知识体系，发展模型意识。

④ 同时学生会根据知识点搜集到更多有价值的题目，整理不同解题思路，从而发展学生的发散思维。

对于教师来说：

① 教师能够根据学生对表现方式的选择和作业完成的程度，及时了解学情，掌握学生的实时状态，据此调整教学的内容和进程。

② 了解学生的学习偏好，及时对教学风格做出调整。

作业设计效果思维导图如图 2-18 所示。

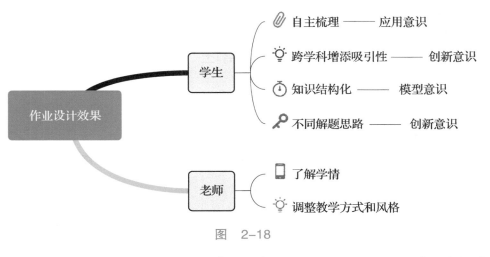

图　2-18

［设计者：王君 / 深圳市福田区第二实验学校］

小小装修工
——组合图形的面积

作业目标

- 结合量的计量、图形的面积、小数乘、除法计算等知识，通过运用测量、调查、实验、观察、计算、讨论等方式，了解装修的一些基本程序和操作方法，在活动中体会数学知识在实际生活中的作用。
- 能合理地进行实地测量，会计算图形面积，会通过计算解决遇到的实际问题，并能合理选择最佳装修方案。
- 培养动手操作和运用数学知识解决实际问题的能力，培养组织能力、调查能力和合作意识，渗透优化思想，增强学数学、用数学的兴趣。

作业属性

作业类型

书面作业 ☑   非书面作业 □   课时作业 □   单元作业 □

作业功能

课前预习 □   课堂练习 □   课后复习 □   单元复习 ☑

适用学段

义务教育第三学段（5~6年级）

设计内容和思路

设计内容

同学们，我们班的教室要重新装修啦，老师想聘请你们担任小小装修工，来为我们班装修出谋划策！

任务1　设计装修方案（粉刷教室）

1. 调查

各小组开展调查并完成装修方案的设计。

（　　）小学（　　）年级（　　）班教室重新装修方案

装修项目：粉刷教室

施工步骤：_____

购买材料：_____

设计意图

以小组的形式开展课前调查，在调查中让学生了解粉刷教室需要进行的施工步骤及需要购买的材料，激发了学生的学习兴趣。学生们随后自行设计本班教室重新装修方案，为接下来的活动奠定了基础。

核心素养

应用意识

2. 实践活动1

活动1：测数据

（　　）小学（　　）年级（　　）班教室重新装修任务单

想一想：粉刷教室需要测量哪些数据：_____

我选择的测量工具是：_____

请设计一个表格，记录你需要测量的数据，开始动手吧！

活动2：算面积

①算一算：粉刷教室需要计算哪几个面的面积？

②想一想：在计算时要注意些什么？

设计意图

　　通过实地测量，引导学生进行测量工具的合理选择，帮助学生形成统一共识，即在生活中计算面积时需要考虑一些可行性因素。通过这样的活动，提高学生合理运用数学知识解决问题的能力，提高他们在实际生活中灵活运用数学知识的能力。

核心素养

数感　运算能力　应用意识

任务2　购买材料

1. 调查

各小组成员一起去家装市场调查一下粉刷教室所需要的材料品种和价格，把需要购买的材料填写在表2-41中。

表　2-41

装修项目	所需材料名称	价　格	功　能
粉刷教室			

2. 实践活动 2

 了解到粉刷教室需要的材料和价格后，一起来算一算粉刷教室需要的费用吧！

现有三种包装规格的涂料 A、B、C，见表 2–42：

表　2–42

	涂料 A	涂料 B	涂料 C
重量（千克 / 桶）	6	4	1
单价（元 / 桶）	56	39	10

问题一：粉刷教室的墙面时，第一遍粉刷，每平方米大约用 0.5 千克涂料，此时粉刷教室需要多少千克涂料？（得数保留整数）

问题二：粉刷教室时，一般需要刷两遍。第二遍粉刷，每平方米所需涂料是第一遍的 0.6 倍，刷第二遍需要多少千克涂料？（得数保留整数）

问题三：刷两遍一共用了多少千克涂料？

问题四：怎样购买涂料更省钱，总费用是多少元?

设计意图

　　四个层次的问题引导学生运用学过的小数乘、除法等相关数学知识解决购买涂料时遇到的实际问题，通过计算优化制定出合理的购买方案。

核心素养

数感　运算能力　应用意识

设计思路

　　"小小装修工"是一项数学综合实践长时作业。本项作业需要学生会测量长度，会计算长方形、正方形的面积，具备解决小数乘、除法相关问题的能力。主要是让学生亲身体验，采用小组合作学习和自主尝试相结合的学习方式，在测量、计算、调查、讨论和比较中了解装修中遇到的一些用数学知识解决的问题。目的是让学生运用已有的知识和经验，通过实践，关注生活，解决生活中的实际问题，感受数学与生活的密切联系，进而提高解决问题的能力，增强综合能力。

进一步思考

　　老师们还可以仿照粉刷教室的设计装修方案，设计铺地板的装修方案等实践活动。

评价方式

评价方式见表 2-43（给每项后面的 ☆ 涂上颜色，涂满 3 个为做得最好）。

表 2-43

评价内容	自我评价	家长评价	教师评价
1. 积极完成任务	☆ ☆ ☆	☆ ☆ ☆	☆ ☆ ☆
2. 练习的内容能够掌握	☆ ☆ ☆	☆ ☆ ☆	☆ ☆ ☆
3. 能与他人合作、分工完成任务	☆ ☆ ☆	☆ ☆ ☆	☆ ☆ ☆
4. 对"组合图形的面积"有更清晰的认识	☆ ☆ ☆	☆ ☆ ☆	☆ ☆ ☆
5. 遇到困难时能主动思考	☆ ☆ ☆	☆ ☆ ☆	☆ ☆ ☆

备注：优秀——3 颗星　　良好——2 颗星　　继续努力——1 颗星

[设计者：姜巍巍 / 深圳市福田区园岭教育集团园岭外国语小学]

惊喜盲盒漂流记

——长方体的认识及包装的学问单元作业

作业目标

- 通过动手制作盲盒，培养学生几何直观能力和空间观念。
- 通过猜测如何包装最节约包装纸，培养学生数感和推理意识。
- 通过计算各种包装方案所需要的包装纸，培养学生运算能力和应用意识。

作业属性

作业类型 ✎

书面作业 ☑　　非书面作业 ☐　　课时作业 ☐　　单元作业 ☑

作业功能 ✎

课前预习 ☑　　课堂练习 ☑　　课后复习 ☐　　单元复习 ☐

适用学段 ✎

义务教育第三学段（5~6年级）

设计内容

任务1 做一做——惊喜盲盒巧设计（30分钟）

每个学生准备 12 根小棒和 8 个转接口。教师请学生思考、讨论并动手拼出长方体框架，同时填写相应的学习单，见表 2-44。

表 2-44

制作惊喜盲盒

姓名：_____

盲盒的魅力在于未知的惊喜，我们年级将组织惊喜盲盒漂流活动。同学们将制作惊喜盲盒，并在我们年级随机漂流，你将收到来自其他同学制作的盲盒，期待这份未知的惊喜吧！

1. **写一写**：将你能为他人准备的惊喜写在卡片上并写上自己的班级姓名，会有一位同学收到你的盲盒，期待你的幸运儿来找你兑换惊喜吧！

2. **搭一搭**：用这些连接头和不同长度的小棒搭出长方体框架。

◆ 我用了_____个连接头。

◆ 我用了_____根小棒，这些小棒的长度有何特点：

_____

◆ 相同长度的小棒摆放位置有何特点：

_____

3. **剪一剪**：剪一些长方形纸板，能恰好密封住搭好的长方体框架。

◆ 如何确定长方形纸板的尺寸：

_____

◆ 我剪了_____张纸板，它们的大小有何特点：

_____

4. **粘一粘**：将剪好的纸片粘在搭好的框架上，封口前将惊喜卡片放进去。

◆ 相同大小的纸片粘贴的位置有何特点：

_____

❤ 根据以上发现，说一说你对长方体的认识。

学生在"搭建一个盲盒框架"的问题驱动下，通过动手实践、自主探索，发现盲盒的结构特征。该设计体现了结构化的特征，实现了跨学科的融合。

核心素养

几何直观　空间观念

任务2　摆一摆——四个盲盒怎么包（30分钟）

小组合作完成作业单，见表2-45。

表　2-45

如何把四个盲盒包装起来最节约包装纸
姓名：_____　组长：_____　组员：_____
同学们已经精心制作了惊喜盲盒，并且也期待着来自其他同学制作的盲盒。为了盲盒更顺利地漂流，同学们需要把四个盲盒包装在一起。 　　1.你能想出多少种包装方法？小组内摆一摆，画一画。   　　2.猜一猜：方法_____最节约包装纸，因为_____

设计意图

学生在"可以怎样摆"的问题驱动下，主动思考多种包装组合方式。

核心素养

推理意识　应用意识

任务3　算一算——怎么包装最节约（30分钟）

同学们用不同的方法将四个盲盒包装了起来，也猜测了哪种方案最节约包装纸，现在我们来算一算验证一下。

小组内部探讨不同摆法形成的新的长方体的长、宽、高，然后分配计算任务，进行验证。

任务 4　包一包——盲盒礼包我来造（30 分钟）

小组利用透明胶纸、包装纸按照最节约包装纸的方案进行包装。

四个盲盒可以怎么包装在一起。可以试着把小面重合在一起……

任务 5　乐一乐——惊喜盲盒漂流记（30 分钟）

全年级的学生集中在会议室，进行盲盒漂流嘉年华活动。

哇，我收到了盲盒，里面的礼物真令人惊喜呀！

设计思路

本单元在学生能够辨认长方体的外部特征（即形状特征）的基础上，进一步认识长方体的内部特征（即结构特征）。为避免课堂成为"老师提供长方体，学生进行观察探究总结"这样刻意的探究模式，老师尝试设置一个单元主题大情境：惊喜盲盒漂流记，包括以下两部分。

①学生制作惊喜盲盒（长方体），如图2-19所示。学生动手实践，自主探索盲盒的结构，积极思考并主动探索长方体基本结构因素，包括面、棱和顶点的特征。

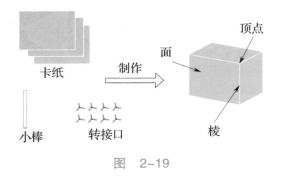

图 2-19

②合作拼一拼、算一算，如何包装最节约包装纸，如图2-20所示。学生主动思考并尝试推导长方体的表面积公式，在真实的情境中利用猜测、实验、计算、推理和验证等方法分析和解决问题。

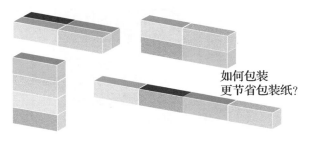

如何包装
更节省包装纸?

图　2-20

进一步思考

　　老师们还可以拓展到制作成正方体盲盒和有两个面为正方形的特殊长方体盲盒，以便让同学们直观地感受正方体和这种特殊的长方体的区别……

评价方式

评价方式见表 2-46（把每项后面的☆涂上颜色，涂满 5 个为做得最好）。

表　2-46

做一做——惊喜盲盒巧设计	摆一摆——四个盲盒怎么包
自主动手操作　☆ ☆ ☆ ☆ ☆	小组协同合作　☆ ☆ ☆ ☆ ☆
认真观察归纳　☆ ☆ ☆ ☆ ☆	摆法有序探索　☆ ☆ ☆ ☆ ☆
作品美观大方　☆ ☆ ☆ ☆ ☆	摆法多种多样　☆ ☆ ☆ ☆ ☆
算一算——怎么包装最节约	包一包——盲盒礼包我来造
小组协同合作　☆ ☆ ☆ ☆ ☆	小组协同合作　☆ ☆ ☆ ☆ ☆
算法的准确性　☆ ☆ ☆ ☆ ☆	包装工整美观　☆ ☆ ☆ ☆ ☆
算法的多样性　☆ ☆ ☆ ☆ ☆	包装牢固结实　☆ ☆ ☆ ☆ ☆

［设计者：陈洁萍/深圳市福田区荔园教育集团众孚校区］

"数"说生活

——百分数的意义与应用、
百分数与小数和分数的互化

作业目标

- 在探究活动中，会正确读、写百分数，理解百分数的意义。
- 在解决实际问题的过程中，会进行百分数与小数、分数之间的互化。
- 结合现实情境会解决有关百分数的简单实际问题，发展应用意识，感受数学在生活中的价值。
- 养成独立思考、善于合作、勇于质疑的学习习惯，激发学习兴趣。

作业属性

作业类型

书面作业 □　　非书面作业 ☑　　课时作业 □　　单元作业 ☑

作业功能

课前预习 □　　课堂练习 □　　课后复习 □　　单元复习 ☑

适用学段

义务教育第三学段（5~6年级）

设计内容和思路

设计内容

活动 1　我会整理

收集并整理在商场、报纸、杂志、电视、网络等日常生活中出现的分数和百分数。

分数	百分数

在哪些情况下，人们通常使用分数？
在哪些情况下人们通常使用百分数？

设计意图

本环节为实践活动。组织学生收集一些材料，并在课堂上进行交流，体会百分数、分数之间的联系与区别，同时感受百分数、分数在生活中的应用，深化学生对百分数意义的理解和感悟。

核心素养

数感　应用意识

活动 2　我会统计

4~6 人一组，分工合作，调查统计当天各年级学生的出勤情况，把结果记录在表 2-47 中。

表 2-47

		年 月 日				
年级	一	二	三	四	五	六
年级人数						
出勤人数						
缺勤人数						
出勤率						

出勤率指：＿＿＿＿＿＿＿＿＿＿＿＿＿＿＿＿＿＿＿＿＿＿＿＿

我是这样算的（结合一个年级情况进行说明）：

设计意图

本环节为调查统计活动。有助于培养学生的统计意识与能力，加深学生对"出勤率"这一百分数的理解与运用。在计算出勤率的过程中，学生需要将分数、小数转化成百分数，同时探索并掌握相应的转化方法。

核心素养

运算能力　模型意识

活动 3 我会探究

请你算出一瓶牛奶中某一种营养成分的含量是多少。

牛奶品牌：＿＿＿＿＿＿＿＿＿＿　　净含量：＿＿＿＿＿＿＿＿＿＿

营养成分表（见包装盒，可画、可写、可贴）：

我选择计算这瓶牛奶中＿＿＿＿＿＿＿的含量是多少，我是这样算的：

营养成分表中"项目"一栏既有"每100ml"含量,又有一个"NRV%",用哪个计算才是正确的?NRV%是指什么呢?

活动4 我会应用

请统计你家某一个月的支出情况,支出项目可分为食品、服装、书报等。算一算每个项目的支出占总支出的百分比,并绘制成统计表。

认识扇形统计图,尝试用扇形统计图表示该月你家各项目的支出占总支出的百分比。

第二篇 做中学

设计思路

作业围绕北师大版小学《数学 六年级 上册》第四单元"百分数"的相关知识点设计。主要内容涵盖百分数的意义，百分数与小数、分数的互化和百分数的应用，设计的 4 项作业与教材的 4 个课时相关，如图 2-21 所示。从学生的生活实际出发，结合现实的问题情境，引导学生从数学的角度发现问题、提出问题，综合运用已有知识和经验及分析能力解决问题，旨在发展学生解决问题的策略，增强其应用意识和实践能力。

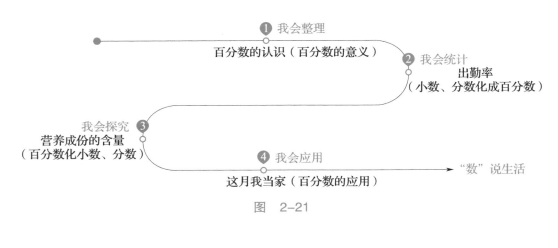

① 我会整理
百分数的认识（百分数的意义）

② 我会统计
出勤率
（小数、分数化成百分数）

我会探究 ③
营养成份的含量
（百分数化小数、分数）

④ 我会应用
这月我当家（百分数的应用）

"数"说生活

图 2-21

进一步思考

　　根据一个月的统计结果，你觉得哪些消费是合理的，哪些是不合理的？根据一个月的家庭支出情况，你能预测你家一年的家庭支出情况吗？

评价方式

　　实践、探究型学习活动，其重要性不只在于获得答案，更重要的是积极参与以及思考解决问题的策略。这些策略包括确保数据的真实准确性、设计合理可行的调查和统计方案、合理分工以及明确个人在团队中的作用。此外，能否有效解决问题、能否积极交流反思也是关键要素。这些活动主要是为了帮助学生进一步梳理和积累活动经验，以便其更好地进行后续学习，提升他们的综合能力。

评价方式见表2-48（把每项后面的☆涂上颜色，涂满3个为做得最好）。

表 2-48

评价维度	评价内容	学生自评	组内互评
知识技能	知道什么是百分数、出勤率	☆ ☆ ☆	☆ ☆ ☆
	知道百分数和分数的区别	☆ ☆ ☆	☆ ☆ ☆
	会将小数、分数化成百分数	☆ ☆ ☆	☆ ☆ ☆
	会将百分数化成小数、分数	☆ ☆ ☆	☆ ☆ ☆
动手操作	搜集到的数据合理可信	☆ ☆ ☆	☆ ☆ ☆
	能绘制统计表、统计图	☆ ☆ ☆	☆ ☆ ☆
团队协作	组织、分工合理，积极参与活动	☆ ☆ ☆	☆ ☆ ☆
	能尊重和倾听他人意见、建议	☆ ☆ ☆	☆ ☆ ☆
	能积极主动表达自己的意见和想法	☆ ☆ ☆	☆ ☆ ☆
解决问题	有完整的实践探究作业记录	☆ ☆ ☆	☆ ☆ ☆
	能用得到的数据和所学的知识解决问题	☆ ☆ ☆	☆ ☆ ☆

［设计者：赖小玲/深圳市福田区荔园外国语小学（狮岭）］

理财智多星
——百分数应用

16

作业目标

- 能利用百分数的知识，解决储蓄的实际问题，提高学生解决问题的能力。
- 通过联系生活实际，了解现实生活中的理财问题，培养学生利用盈亏知识解决简单问题的能力。
- 感受数学与日常生活的密切关系，让学生了解数学的价值，提高他们学习数学的兴趣。

作业属性

作业类型

书面作业 □　　非书面作业 ☑　　课时作业 □　　单元作业 □

作业功能

课前预习 □　　课堂练习 □　　课后复习 ☑　　单元复习 □

适用学段

义务教育第三学段（5~6年级）

设计内容和思路

设计内容

同学们，理财指的是对财务（财产和债务）进行管理，以实现财务的保值、增值为目的。理财分为公司理财、机构理财、个人理财和家庭理财等。在银行进行活期存款与定期存款都能获得利息，其计算公式为：利息 = 本金 × 利率 × 时间。需要注意的是，活期存款与定期存款的利率不同，我们可以根据实际需要自由选择！

活动1 我会查：银行利率

小明把自己积攒的零花钱 1000 元存进银行账户，打算 2 年后使用。请你通过网络或者前往就近银行帮助他了解利率信息，完成统计表 2-49，并选择一种你喜欢的存款方式，说明理由。

表　2-49

储蓄方案	存款方式	银行利率（%）	2 年后利息（元）
1	活期存款		
2	整存整取 1 年		
3	整存整取 2 年		

我建议小明采纳储蓄方案_____，理由：_____

设计意图

通过"银行储蓄"能获得利息，引导学生主动了解银行储蓄的理财功能，通过对利率、利息数据的收集与整理，实现课内外学习相结合，从而加深了学生对百分数应用的认识。

核心素养

数感　数据意识

活动2 我理财：计谋智多星

现代家庭支出是一个十分突出的问题，如果做到量入为出，节约开支，还可以为家庭带来额外的经济收益，从而改善生活条件。表2-50是2022年深圳部分银行的定期利率表：

表 2-50

整存整取（时间）	A 银行利率（%）	B 银行利率（%）	C 银行利率（%）
1 年	1.95	1.85	1.75
2 年	2.25	2.50	2.45
3 年	3.55	3.75	3.80

分析以上数据，回答下面问题：

1. 小明家庭今年结余 50000 元，如果在上表中选择一家银行进行整存整取，你有什么建议？

2. 父母用这 50000 元进行创业，从事皮鞋买卖。每双鞋进货价是 100 元，计划提价 20% 进行售卖（水电场租费不计）。然而，由于初期销量不佳，父母决定在每天 18:00～20:00 这段时间内给顾客提供售卖价的八折优惠，如图 2-22 所示。这一策略实施后，总体销量上升了。请你结合父母的经营方式，谈谈你的想法。

限时大优惠！
18:00～20:00
八折 20%OFF

图 2-22

设计意图

"家庭结余资金"可用于理财。让学生通过分析、理解"2022年深圳部分银行的定期利率表"，寻求解决实际问题的最优策略；通过开放式情境"卖鞋创业"，学生将探索导致盈亏的可能性因素，从而体会数学与日常生活的密切联系，增强了学生的社会实践经验和能力。

核心素养

运算意识 推理意识 应用意识

设计思路

这是一份探究型练习作业，作业的设计紧扣现实生活中百分数的相关知识点展开，由易到难，由浅入深。为更有效地落实"双减"政策，作业采取分层设计的模式。作业中涵盖了"我会查"和"我理财"两部分内容。其中，"我会查"部分是针对本章节所需掌握的基础计算能力展开设计的；"我理财"部分则要求比较高，在掌握百分数的基本知识和计算能力的基础上，要有一定的综合分析、研究能力。

进一步思考

　　理财观念已经深入民心，同学们还可以在家庭或亲戚间开展一些与百分数相关的小调查活动，例如，资产配置、家庭保险配置、房贷负担、分散投资等。

评价标准和方式

评价标准

参考答案

✔ **我会查**

利用"利息＝本金 × 利率 × 时间"综合求出 2 年所获得的利息，取利息最高的储蓄方案。理由略。

✔ **我理财**

1. 建议根据存款时间选择利率较高的银行：1 年期选 A 银行，2 年期选 B 银行，3 年期选 C 银行。

2. 根据题意，我们知道：

常规时段：

$$100 \times (1+20\%) = 120 (元)$$

降价时段：

$$120 \times (1-20\%) = 96 (元)$$

分析：在常规时段里小明家庭创业卖鞋盘盈，但在每天 18:00～20:00 的时间里盘亏了。如果降价为销量上升明显的主因，结果将会导致卖得越多亏得越多。创业卖鞋主要还是希望盘盈，解决问题的方法可参考如下：

方法①：

对卖鞋的价格进行整体提价，使降价时间段每双鞋不亏（不低于成本价 100 元）。

解：设卖价为 x 元。

$$x \times (1-20\%) = 100$$

$$x = 100 \div 80\%$$

$$x = 125$$

$$125-100=25 (元) \qquad 25 \div 100 = 25\%$$

答：鞋的卖价至少提价 25%（或 25 元）以上才能不亏。

方法②：

以限时促销方式让利顾客是目前比较流行的营销手段，可能会有较好的广告效果，促进销量上升。由于常规时段卖鞋的利润较高，每双盈利 120-100=20（元），降价时段每双盘亏 100-96=4（元），进货量为 50000÷100=500（双）。如果能使买卖鞋数量保持在某个数位（限量放鞋），也可以实现盘盈。

解：设全部出清后常规时段卖出 x 双，降价时段卖出数则为 500-x 双。

$$120x + (500-x) \times 96 = 50000$$

$$48000 + 24x = 50000$$

$$24x = 2000$$

$$x \approx 83$$

答：只要在常规时段卖出超过 83 双鞋，即可实现盘盈。

方法③：

学生根据数据计算结果，思考、设计其他方案（略）。

评价方式

评价方式见表 2-51。

表 2-51

学生自评			
评价内容	评价填写（打"√"或"×"）		
1. 你能积极主动地完成这个作业			
2. 你能通过网络或就近银行大厅快速找到银行利率表			
3. 你能根据利率计算利息			
4. 你能通过计算找到解决盈亏问题的策略			
5. 你能用百分数解决生活中的实际问题			
6. 你对银行储蓄有了新的认识			
7. 你能积极主动地解决此次作业中遇到的问题			
这次作业，请给自己一个综合评价	优秀	良好	继续努力

[设计者：林宝才/深圳福田区荔园外国语小学水围校区]

牛奶的营养含量小调查

——百分数实践作业

作业目标

- 能发现生活中的百分数，能说出百分数表示的意义，并通过涂一涂的方式表示出百分数。
- 会利用百分数解决实际问题，进一步体会百分数与实际生活的密切联系，理解将百分数转化为小数的必要性。
- 在调查实践活动中培养数据收集、数据分析的能力，发展创新意识。

作业属性

作业类型 ✐

书面作业 ☐　　非书面作业 ☑　　课时作业 ☑　　单元作业 ☐

作业功能 ✐

课前预习 ☐　　课堂练习 ☐　　课后复习 ☑　　单元复习 ☐

适用学段 ✐

义务教育第三学段（5~6年级）

设计内容

同学们，你们会选购牛奶吗？牛奶盒中藏着哪些有趣的百分数知识呢，我们一起来发现吧！

活动1 找一找

牛奶包装盒上能找到哪些百分数呢？请找出 2 个，并在下面的方格纸中涂一涂，再填一填。

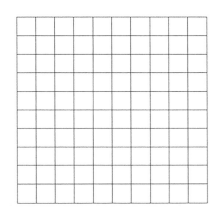

我找到的百分数是：＿＿＿＿＿＿

它表示的意思是：＿＿＿＿＿＿

我找到的百分数是：＿＿＿＿＿＿

它表示的意思是：＿＿＿＿＿＿

设计意图

认识百分数，并能用涂一涂的方式正确表示出百分数。

核心素养

数感

活动2 调查统计

调查统计 3 款牛奶的营养成分（每 100mL 含量），完成表 2-52。

表 2-52

营养成分	牛奶编号		
	1号	2号	3号
蛋白质含量 g（每 100 mL）			
脂肪含量 g（每 100 mL）			
碳水化合物含量 g（每 100 mL）			
钙含量 mg（每 100 mL）			
钠含量 mg（每 100 mL）			
净含量（mL）			
价格（元/支）			

设计意图

在实践活动中，经历数据的收集、筛选的过程，发展数据意识。

核心素养

数据意识

活动3 算一算，比一比

比较上面你调查的 3 款牛奶中钙成份的含量并将表 2-53 填写完整，最后再说一说你的发现。

表 2-53

项目	牛奶编号		
	1号	2号	3号
净含量（mL）			
钙含量 mg（每 100mL）			
钙含量百分比（%）			
钙总含量（mg） 写出思考过程			

通过计算我发现：（　　　　　）钙总含量 >（　　　　　）钙总含量 >（　　　　　）钙总含量，（　　　　　）号牛奶的钙总含量最高。

活动4　辨一辨

将两种不同的牛奶混合，每种牛奶规格及蛋白质含量如图2-23所示，混合后的牛奶中蛋白质含量是多少？

净含量 200 mL

蛋白质 3.6%

净含量 1L

蛋白质 3%

图　2-23

（3.6%+3%）÷2=3.3%，算得对吗？

我觉得：_____

_____

活动5　算一算

你能算出成人每天大约需要摄入多少克的蛋白质吗？

"NRV%"是指某种营养素的含量占成年人每天需要这种营养素参考值的百分比。这里的 5% 不是表示蛋白质占这支牛奶总重量的 5%，它表示喝完这支牛奶可以摄入的蛋白质占人体一天需要摄入总蛋白质的 5%。你能根据图 2-24某种牛奶营养成分数据，算出成人每天大约需要摄入多少克的蛋白质吗？

营养成分表

项目	每100mL	NRV%
能量	255kJ	3%
蛋白质	3.2g	5%
脂肪	3.3g	6%
碳水化合物	4.6g	2%
钠	43mg	2%
维生素A	80μg RE	10%
维生素D	0.9μg	18%
钙	110mg	14%
锌	1.20mg	8%

图　2-24

第二篇　做中学

189

我是这样算的：_____

_____

活动 6 找一找

找一找超市里的促销活动，算一算相当于几折销售？

我找到的促销商品是：_____
它的促销方案是：_____
相当于原价的几折：_____

牛奶选购小贴士

1. 丰富的钙可以促进青少年身体发育，每 100mL 牛奶的钙含量
   ≥ 120mg，可以称为"高钙"。

2. 蛋白质是生命的基础，一般来说，蛋白质的含量越高，牛奶的
   品质就越好。想要补充蛋白质的消费者可以根据价格和个人需
   求，挑选蛋白质含量高的牛奶。

3. 脂肪是人体三大营养素之一，对于正在长身体的青少年来说，
   全脂牛奶是一个不错的选择，然而，对于需要控制脂肪摄入的
   人群（如减肥者）来说，则可以选择低脂或脱脂牛奶。

4. 牛奶中的碳水化合物主要为乳糖，在没有额外添加糖的前提下，
   纯牛奶的碳水化合物含量越高，说明其本身的乳糖越丰富，营
   养价值也越高。但请注意，有些人对乳糖不耐受，喝完牛奶会
   出现肚胀等不适症状。

设计思路

数学与生活是紧密相连的，在实践调查过程中培养学生收集数据、分析数据的意识。在分析数据的过程中体会将百分数转为小数或分数的必要性，有助于培养学生分析问题、解决问题的应用意识。通过融合百科知识，进一步发展学生的跨学科探究思维。

进一步思考

老师们还可以开展一些校园内的百分数小调查活动，例如，班级的出勤率、近视率等。同时，也可以组织一些探究实验小活动，例如，黄豆发芽率、糖水的甜度、奶茶的配方等。

评价方式

请在表 2-54 中对你在这次作业练习中的表现进行评价（把每项后面的☆涂上颜色，涂满 5 个为做得最好）。

表 2-54

学生自评	
评价内容	评价之星
1. 我能看懂牛奶营养成分含量表	☆ ☆ ☆ ☆ ☆
2. 我会将百分数转化为小数	☆ ☆ ☆ ☆ ☆
3. 我能收集 3 种牛奶营养含量的数据	☆ ☆ ☆ ☆ ☆
4. 我能准确计算牛奶的钙总含量	☆ ☆ ☆ ☆ ☆
5. 我能准确计算出成人一天需要摄入的蛋白质含量	☆ ☆ ☆ ☆ ☆
6. 我能收集超市的促销信息	☆ ☆ ☆ ☆ ☆
7. 我能读懂促销方式	☆ ☆ ☆ ☆ ☆
8. 我能根据促销信息算出商品相当于几折销售	☆ ☆ ☆ ☆ ☆
9. 这次活动对我来说（打"√"）	简单 □　　适中 □　　有挑战 □

［设计者：黄涛 / 深圳福田区福田小学］

探索"圆柱"秘密，"锥"寻数学真相

——圆柱体积、表面积和圆锥体积

18

作业目标

- 根据不同的生活情境掌握圆柱侧面积、表面积、圆柱体积和圆锥体积的计算方法，运用这些计算方法灵活解决生活中的具体问题。
- 借助现实生活中的实物，引导学生通过观察、操作等活动，建立立体图形之间的联系，培养学生空间观念和空间想象能力。
- 通过解决实际问题来拓展和巩固学生对数学知识的理解，让学生感受数学与生活的紧密联系，增强他们的空间感，体会数学知识在生活中的实际应用，激发学生利用数学知识解决问题的兴趣。

作业属性

作业类型
书面作业 □　　非书面作业 ☑　　课时作业 □　　单元作业 ☑

作业功能
课前预习 □　　课堂练习 □　　课后复习 □　　单元复习 ☑

适用学段
义务教育第三学段（5~6年级）

设计内容

同学们，意大利教育家玛莉亚·蒙特梭利曾说过：我听过的我会忘记，我看过的我会记得，只有做过的我才会懂得。

活动1 我已知道，巧用知识关（独立完成或小组合作：5分钟）

1. 2023年5月30日9时31分，搭载神舟十六号载人飞船的长征二号F遥十六运载火箭，在酒泉卫星发射中心成功发射。"神舟"号飞船由返回舱、轨道舱和推进舱组成。其中，轨道舱的外形为两端带有锥角的圆柱形。同学们你知道为什么这样设计吗？

> **设计意图**
>
> 数学源于生活又应用于生活，本活动以生活中的飞船轨道舱的外形来体现圆柱的知识，鼓励学生从生活实际出发思考问题，凡事多问几个为什么。
>
> **核心素养**
>
> 应用意识

2. 2023年5月30日9时31分，搭载神舟十六号载人飞船的长征二号F遥十六运载火箭，在酒泉卫星发射中心成功发射。成功将航天员景海鹏、朱杨柱、桂海潮送入太空，中国空间站由此开启了全面建成后的首次载人飞行任务。其中，飞船中有一重要组成部分——轨道舱。这是飞船进入轨道后航天员工作、生活的场所。其外形是"圆柱体"，它的高度是2.8m，底面直径是2.27m。若一间教室的体积约是150m³，请同学们回答下面的问题。

（1）计算出轨道舱的体积？（可使用计算器计算，结果保留到整数位。）

（2）它的体积大约是这间教室体积的几分之几？

> **设计意图**
>
> 通过让学生将"轨道舱"与学习圆柱的知识联系起来，把轨道舱和教室的体积进行对比，间接"感知"轨道舱的大小，再结合"神舟十六号载人飞船"发射

成功的案例，让学生从航天科技中寻找圆柱素材，感知数学与科技之间的联系，增强学生对祖国航天知识的了解以及对祖国的热爱之情。

> **核心素养**
>
> 运算能力　应用意识　数感　空间观念

活动2　我会设计：制作圆柱形笔筒（20分钟）

手工课上自制（无盖）圆柱形笔筒，卡纸的尺寸如图2-25所示。

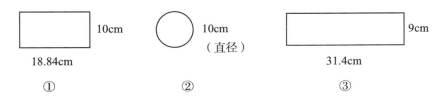

　　　　①　　　　　　　　　　②　　　　　　　　　　③

图　2-25

（1）你会选择（　　）号和（　　）号卡纸的尺寸，请说明理由。

（2）根据你的选择，请计算出制作一个笔筒至少需要（　　）平方厘米的卡纸。

（3）根据你选择的尺寸准备卡纸，并绘制你喜欢的图案，然后动手制作一个圆柱形笔筒。

> **设计意图**
>
> 　　此活动是开放的，是一道设计题。学生在真实的情境中，通过想一想，算一算等活动进行数学探究。在探究的过程中了解圆柱特点与生活的联系，通过动手操作发展空间观念和应用意识，从而感受数学的价值。
>
> **核心素养**
>
> 运算能力　应用意识　创新意识　数感　空间观念

活动3　我来探究：从生活走向数学（10分钟）

赵老师是一位书匠，也是一位木匠，他利用自己锯下的木桩给同学们提出了一些问题，让我们一起来研究一下吧！

1. 锯一锯。她把圆柱形木桩沿底面直径锯成相同的两半后是什么形状？请自己动手画出来。

2. 削一削。她准备在圆柱形木桩里削一个最大的圆锥，请问削成的最大圆锥的体积占圆柱体积的几分之几？削掉部分的体积占圆柱体积的几分之几？

3. 填一填。

（1）计算这个木桩所占空间的大小也就是求木桩的（　　　　）。

（2）计算这个木桩的占地面积也就是求木桩的（　　　　）。

（3）计算这个木桩滚一周的面积也就是求木桩的（　　　　）。

（4）计算整个木桩的涂漆面积也就是求木桩的（　　　　）。

设计意图

利用生活中的实际问题，发展学生的"实践经验"。从生活中的木桩问题入手，培养学生发现问题、分析问题、解决问题的能力。

核心素养

应用意识　空间观念

活动4　我来运用：从生活走向数学（10分钟）

喝水也有讲究，喝水是每天的日常，不同年龄每日喝水量也不同。据调查，9~13岁的孩子每日大约喝1700mL的水。鹏鹏的水杯底面直径是8cm，内高是10cm，请计算鹏鹏的水杯能够装多少毫升的水？要保证每日喝1700mL的水，鹏鹏每天需要喝几杯水？

百科小知识

一个成年人体内水分约占体重的60%~70%。水是生命之源，我们的身体每时每刻都在流失水分。例如，出汗、皮肤的水分蒸发、排尿等。因此及时地补充水分至关重要。国外也有建议"一个成年人每天需要2.5L水"的说法。特别说明的是，每天需要8杯水的建议中包含了通过日常饮食摄入的水分。

通过引入学生熟悉的体内每天水分摄入量的知识，结合精选网络资源，激发学生的学习兴趣。在这一过程中，教会学生用圆柱体积公式解决简单的实际问题，落实核心素养的培养，渗透育人为本的教育理念。

核心素养

应用意识　数感　运算能力

活动 5　我来计算：我是探究小能手（5 分钟）

有一个直角三角形，如图 2-26 所示，如果以两条直角边为旋转轴，分别旋转一周，可以得到两个圆锥，那么，这两个圆锥的体积分别是多少？

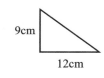

9cm

12cm

图　2-26

我是这样算的：_____

_____

设计意图

本活动主要考查学生空间想象能力，掌握圆锥体积的计算方法，从而培养学生从不同层面分析问题的能力。

核心素养

数感　运算能力　空间观念

活动 6　我来整理：我是整理小能手（20 分钟）

我是整理小能手，本单元"圆柱与圆锥"是六年级最后要学习的图形类的知识。我们已经绘制过很多思维导图，现在请你用思维导图或者数学小报的形式来构建自己的知识网络，将本单元的知识点进行归纳、整理。（老师将选出最优秀的作品在学校公开栏进行展示，请同学们全力以赴。）

设计意图

学生通过制作思维导图、数学小报，进一步理解圆柱和圆锥之间知识体系的联系，通过动手操作，将圆柱、圆锥的数学知识和美术制作相结合，体现了学科融合的理念。

设计思路

"圆柱、圆锥"作业设计思维导图，如图 2-27 所示。

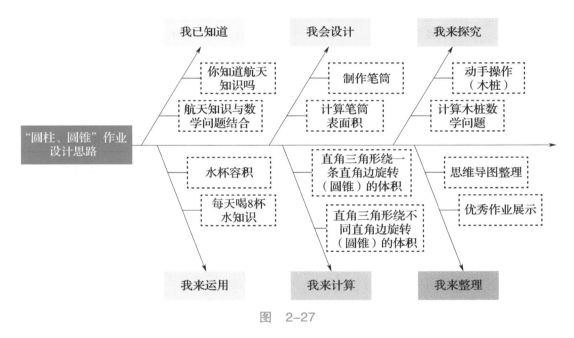

图　2-27

进一步思考

　　数学源于生活，生活又离不开数学，围绕单元大概念"数形结合解决实际问题"，老师们可以从学生日常生活中的认识和经验出发，设计有关圆柱和圆锥的问题，可以设计分层作业，例如，求圆柱表面积、圆柱体积、圆锥体积以及探索圆锥表面积等。此外，也可以加入一些实践性的作业，例如，怎样测量圆柱和圆锥的高、怎样通过实验证明等底等高的圆柱体积是圆锥体积的 3 倍、动手制作圆柱和圆锥形状的生活用品等。

评价方式

评价方式见表 2–55。

表　2–55

时间要求			每道题规定时间内完成（打"√"）		
多维评价	教师评价	书写是否整洁	字体美观、整洁 □ 格式规范统一 □　有待进步 □		
		作业完成质量	□ 优秀　□ 良好　□ 合格　□ 待合格		
	家长评价	写作业的速度	快	一般	慢
		是否独立完成	是	否（讨论过或其他）	
	自我评价	本单元掌握情况	□ 优秀　□ 良好　□ 合格　□ 待合格		
		如有错题，能否独立订正	是	否（辅导或者其他）	

［设计者：赵雪停 / 深圳市福田区福强小学］

第三篇
用中学

"慧"分类，"趣"整理
——分类与整理实践作业

作业目标

- 在动手操作的活动中，经历分类的过程，初步体会分类的含义和方法，感受分类在生活中的作用。
- 能按一定的标准，对自己的物品进行分类整理；能运用分类的方法，解决生活中相关的实际问题。
- 初步养成有条理地整理物品的习惯，体会分类在生活中的必要性和价值。

作业属性

作业类型

书面作业 □ 　　非书面作业 ☑ 　　课时作业 ☑ 　　单元作业 □

作业功能

课前预习 □ 　　课堂练习 □ 　　课后复习 ☑ 　　单元复习 □

适用学段

义务教育第一学段（1~2 年级）

设计内容和思路

设计内容

亲爱的同学们，我们诚挚地邀请你参加"整理小达人"闯关活动，相信你一定能行。快来试试吧！

第一关　找一找 ★

1. 家里的书柜、碗柜、衣柜等是怎样分类摆放的？可参考图 3-1 说一说。

图　3-1

2. 小区的垃圾是如何分类投放的？可参考图 3-2 说一说。

图　3-2

3. 超市的商品是怎样分类摆放的？可参考图 3-3 说一说。

图　3-3

设计意图

"分类与整理"是教学活动中的一个重要内容，在日常生活中也经常有运用。例如，超市里商品的摆放，图书馆里图书的归类，家中房间内物品的整理等，都要用到分类的知识。从学生熟悉的生活场景入手，创设的情境容易让学生产生亲切感，从而激发学习的热情，并使他们更直观地感受到生活中的分类现象及其重要性。

核心素养

数据意识　应用意识

第二关　说一说 ★★

1. 为什么要进行分类与整理？分类有什么好处？

2. 我们身边还有哪些分类的方法？是按照什么标准进行分类的？

设计意图

"新课标"将"分类与整理"放在了"统计与概率"领域，突出了分类与统计、数据分析之间的密切关系，分类的学习是"数据分析"的起点。一年级学生的抽象概括能力较弱，要想一下子学会分类较难。在进行"分类与整理"的教学时，我们应紧密联系学生的生活实际，从学生的经验和已有的知识出发，激发学生探究的兴趣，让学生体会到学习数学的乐趣，在快乐中学习，进而提升他们的思维能力和创新能力。

核心素养

数据意识　应用意识

第三关　做一做 ★★★

1. 用分类的方法整理自己的书本。

2. 用分类的方法整理自己的文具。

3. 用分类的方法整理自己的衣物。

结合学生的日常生活，我们设计各种形式的分类活动，如整理学具、整理书包、整理自己的房间等，为学生提供充分的"分"的机会。通过这些实践活动，让学生感受"分类与整理"是实际生活的需要，认识到分类与整理能让他们的生活变得更加整洁、方便。这些活动不仅能帮助学生养成良好的生活习惯，同时也激发他们学习的兴趣和探究知识技能的欲望。同时，学生在充分体验分类的过程中，逐渐建立分类的思想，体会分类的实际意义，从而培养分类的意识。

核心素养

数据意识　应用意识

设计思路

"新课标"第一学段（1~2年级）关于数据分类的学业要求，能依据事物特征，按照一定的标准进行分类；能发现事物的特征并制订分类标准，依据标准对事物分类；能用语言简单描述分类的过程；感知事物的共性和差异，形成初步的数据意识。分类与整理应从学生的生活实际出发，注重学生已有的生活经验和知识，引导学生全身心地投入到数学学习活动中，理解按不同的分类标准对事物进行分类统计，结果可能不一样。学生在生动愉悦的氛围中学习分类与整理，体会数学就在自己的身边，从而在快乐中学习数学。

"分类与整理"实践作业的设计，是在一年级学生已经学习了"分类"知识的基础上，通过让学生经历对房间内物品的整理过程，感受到分类是需要一个标准的，并体会到分类在生活中的作用。通过"找一找""说一说""做一做"三个环节层层递进，让学生用数学的眼光去观察、发现、思考、操作，利用已有的生活经验对身边的物品进行分类，从而有条理地整理物品。在实践活动中，学生初步体会分类的必要性，初步掌握分类的方法，养成良好的思维习惯和生活习惯，以及优秀的思维品质，让他们感受到数学与生活的紧密联系，并培养学生的应用意识。

进一步思考

"纸上得来终觉浅"，数学源于生活，又应用于生活。老师可以引导学生在生活中尝试进行各种分类活动，用分类的思想解决实际问题，进一步感受分类在生活中的应用。

评价标准和方式

评价标准

一年级学生入学仅 3 个月时间，他们能够运用所学的分类知识，将自己的物品按照一定的标准进行分类与整理，达到了学以致用的效果。学生能够将家里不同种类的物品，如书本、文具、衣物等分别用一定的标准进行分类与整理，就相当不错了，达到了预期的学习目标。分类的标准不是唯一的，只要学生做到有序思考、有序整理、具有初步的应用意识就好。

✓ 第一关

学生能够用数学的眼光观察生活，发现身边的事物是按照一定的标准进行分类的。

✓ 第二关

学生不仅能发现事物的特征，还能感知事物的共性和差异，体会分类的必要性，并能够用语言简单地描述分类的方法。

✓ 第三关

学生能依据事物的特征，按照一定的标准进行分类；能制订分类的标准，并依据一定的标准对事物进行分类。

①用分类的方法整理自己的书本，可参考图3-4。

图 3-4

②用分类的方法整理自己的文具，可参考图3-5。

图 3-5

③用分类的方法整理自己的衣物，可参考图3-6。

图 3-6

评价方式

学生"分类与整理"实践作业的展示可以通过征集作业照片或视频的方式，在学习小组及全班展示交流，通过学生自评及家长评价等方式进行作业评价，见表3-1（给每项后面的☆涂上颜色，涂满5个为做得最好）。

表 3-1

学生自评	
评价内容	评价之星
1. 你会整理自己的书本吗	☆ ☆ ☆ ☆ ☆
2. 你会整理自己的文具吗	☆ ☆ ☆ ☆ ☆
3. 你会整理自己的衣服吗	☆ ☆ ☆ ☆ ☆
4. 你会整理自己的房间吗	☆ ☆ ☆ ☆ ☆
5. 这次作业，请给自己一个综合评价（打"√"）	优秀 □　良好 □　需要努力 □

家长评价			
评价内容	优秀	良好	继续努力
1. 完成这份任务的积极性			
2. 分类的标准清楚、明确			
3. 能够按照一定的标准进行分类			
4. 遇到困难时能主动思考			
5. 独立完成			

备注：在合适的等级评价中打"√"

[设计者：高紫微 / 深圳市福田区外国语学校福保校区]

垃圾扔前分一分，
绿色生活一百分
——分类与整理实践作业

作业目标

- 学生能按照不同的标准选择参考事物，对物品进行比较、排列和分类。
- 学生在观察、动手操作等活动中，体验活动的结果在同一标准下的一致性和在不同标准下的多样性。
- 在活动中，让学生体会分类的思想方法，感受分类在生活中的用途；培养学生初步的观察能力、比较能力和动手操作能力；让数学回归生活，将抽象的数学知识转化为生动有趣、易于理解的事物，使其融入生活，从而提高学生学习数学的兴趣。

作业属性

作业类型

书面作业 ☑　　非书面作业 □　　课时作业 □　　单元作业 ☑

作业功能

课前预习 □　　课堂练习 □　　课后复习 □　　单元复习 ☑

适用学段

义务教育第一学段（1~2年级）

设计内容和思路

设计内容

前情提要： 在课前，老师已为学生讲解并说明了垃圾分类的相关知识，但仅仅了解并不够，还需要行动起来，真正地将垃圾分类落到实处。于是老师为那些不知该如何开始的同学们准备了一份学习单，只要根据学习单上的指导完成任务即可。

（扫码查看"垃圾分类科普"）

小朋友们，你们知道深圳垃圾分类主要分为哪几类吗？那些对应的标志都是什么样的？

活动1

请根据你平时的观察或按照垃圾分类的标准，给图 3-7 中的垃圾桶涂上合适的颜色，并分别写出它们对应的名字。

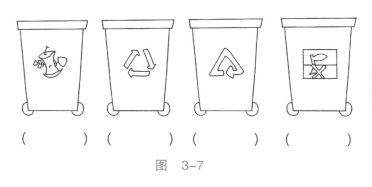

（　　　）（　　　）（　　　）（　　　）

图　3-7

小朋友，你知道路边的垃圾桶都分别是什么颜色的吗？

设计意图

从生活实际入手，激发学生的学习兴趣，培养学生的观察能力，让学生体会到生活与数学的紧密联系。

核心素养

数据意识　应用意识

活动 2

请你尝试将图 3-8 中同类的垃圾涂上相同的颜色。

图　3-8

小朋友，你愿意帮助大龙来分一分这些垃圾吗？

设计意图

　　让学生体验分类结果在单一标准下的一致性，并引导学生根据自己的生活经验发现分类与整理的重要性。

核心素养

数据意识　应用意识

活动 3

　　游戏：看谁说得多。与你的小伙伴们说一说垃圾分类中每个种类具体有哪些垃圾，如图 3-9 所示，说得多的获胜。

有害垃圾有哪些？

有电池、过期药品、过期化妆品、灯泡、水银温度计。

我只想到了两个：油漆桶和荧光灯管，我输了。

悦悦

甜甜

鹏鹏

图　3-9

第三篇　用中学

以多元智能培养为依据，进一步鼓励学生发挥自己的表达能力和主观能动性。在游戏玩乐中巩固分类知识，培养学生的思维能力。

核心素养

数据意识 应用意识

活动4

你能带领家人一起进行垃圾分类吗？请将过程拍照记录下来吧！

设计意图

通过与家人共同分类放置垃圾的行动，加深与人合作的意识。培养学生用数学的思维思考问题，并运用有关分类知识，在垃圾分类中巩固课本知识，体现"用中学"的理念。

核心素养

数据意识 应用意识

活动5

我国将日常垃圾分为4类，图3-10所示是3个国家的垃圾分类，它们与我国的垃圾分类有些不同。如果由你来制订垃圾分类标准，你打算怎么制订？

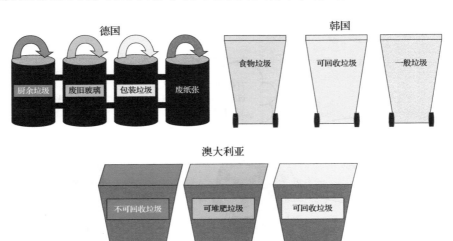

图 3-10

在练习中引导学生根据信息制订分类标准，并在分类的过程中体验分类结果在不同标准下的多样性，培养学生创新意识和想象能力，并鼓励学生进行有意义的思考和表达。

核心素养

创新意识　应用意识

设计思路

基于学生已学会分类的基本方法，本作业设计的重点是让学生在具体的分类过程中以事物间所存在的几个相同的属性为标准进行不同的分类。以此培养学生有条理地整理事物的好习惯。利用学生目前所学的分类知识与垃圾分类相结合的方式，实现知识的学以致用。通过这样的活动为社会贡献自己的小小力量，带动家人一起参与垃圾分类，并为垃圾分类的宣传和实施添砖加瓦，联合周围人一起行动起来，营造良好的环保氛围。

进一步思考

完成练习后，老师还可以组织学生进行充分的探究，鼓励学生用自己的方式呈现分类的结果，从而使学生经历完整的分类、收集、整理、描述的过程，为后面的统计学习积累基本的数学活动经验。生活中的分类随处可见，可以让小朋友将分类知识广泛应用到生活中，真正体会数学是从生活中来，又能服务于生活的。

评价方式

评价方式见表3-2。

表 3-2

学生自评	
评价内容	评价填写（打"√"或"×"）
1. 你知道生活垃圾分为哪几类吗	
2. 你能分辨出垃圾分类对应的标志吗	
3. 你能独立完成垃圾分类吗	
4. 你能帮助他人进行垃圾分类吗	
5. 这次作业，请给自己一个综合评价	优秀 □ 良好 □ 需要努力 □

教师评价			
评价内容	优秀	良好	继续努力
1. 完成这份任务的积极性			
2. 垃圾分类的标准清楚、明确			
3. 能够按照标准进行分类			
4. 能指导他人进行分类			
5. 遇到困难时能主动思考			
6. 独立完成			

备注：在合适的等级评价中打"√"

[设计者：张玲玲 / 深圳市福田区荔园外国语小学天骄校区]

听！嘀嗒嘀嗒
——认识钟表

作业目标

- 学生能够结合具体的生活情境，从整体上认识钟表，会用整时和半时描述一天的活动。
- 初步理解如何系统地、合理地安排时间，以达到优化时间的目标。

作业属性

作业类型

书面作业 ☑ 非书面作业 ☐ 课时作业 ☐ 单元作业 ☑

作业功能

课前预习 ☐ 课堂练习 ☐ 课后复习 ☑ 单元复习 ☑

适用学段

义务教育第一学段（1~2年级）

设计内容和思路

设计内容

作业 1

初步介绍钟表，认识钟面、数字、时针、分针；在图 3-11 中记录自己的一天，完成"我的一天"时间记录表，并在钟面上画出对应的时间。

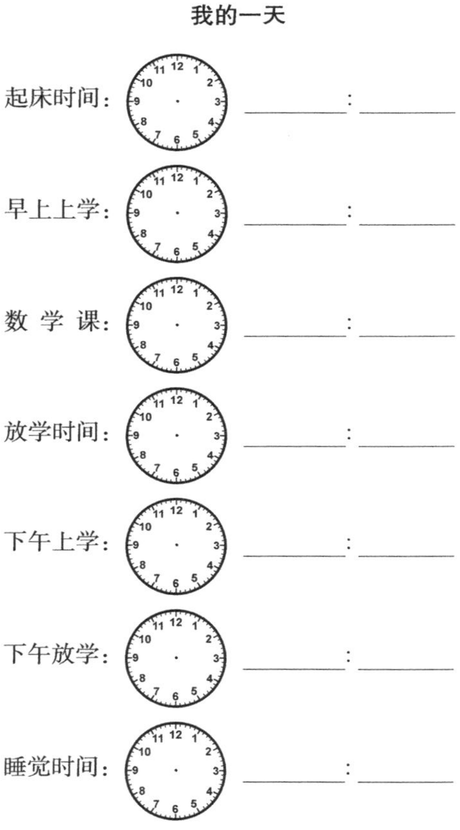

我的一天

起床时间：⏰ _____ ：_____

早上上学：⏰ _____ ：_____

数 学 课：⏰ _____ ：_____

放学时间：⏰ _____ ：_____

下午上学：⏰ _____ ：_____

下午放学：⏰ _____ ：_____

睡觉时间：⏰ _____ ：_____

图 3-11

设计意图

学生在钟表上对自己日常生活中的常见时间进行仔细地观察，通过画一画钟面、写一写时间的方式，学生能够认识并关联常见的电子数字时钟和指针时钟之间的关系。

作业2

我的一天（认识整时和半时）：

①制作一个钟表；

②拨一拨，如图3-12所示，并说一说你记录的"我的一天"是怎么样度过的。

表达方式：我在（　　）时整做（　　），（　　）时半做（　　）。

图　3-12

作业3

我是时间优化大师：

仔细观察自己和家人是怎样在同一时间完成两件，甚至是三件事情的，然后在A4纸上画一画。

范例如图3-13所示。

我在坐车上学的同时，也在听英语

图　3-13

学生通过对日常生活的观察记录，自主发现时间优化的方法，培养学生的时间观念，初步理解怎样系统地、合理地安排时间，实现时间的优化。

核心素养

量感

作业 4

用 A3 纸制作"我的一天"手抄报，要求：有标题、完成"我的一天"记录表、自制钟表，以及画出什么事情和什么事情可以一起做，如图 3-14 所示。

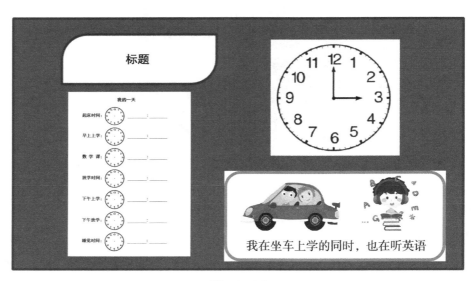

图　3-14

设计意图

通过制作"我的一天"手抄报，引导学生主动整理知识，并整合单元知识，巩固所学内容，加深时间意识，并通过后期评比，激发学生学习的主动性。

核心素养

量感

设计思路

这一份作业为单元练习作业，内容来自北师大版《数学 一年级 上册》第八单元"认识钟表"。根据本单元的课时内容以及知识点框架可以看出，时间是一个比较抽象的概念，因此，我们从学生的生活经验和实际能力出发，设计了一份系列作业。学生在这份作业中，从时钟入手，逐步了解时间，感受学习时间的重要意义，从而建立时间观念。同时，学生初步理解如何系统地、合理地安排时间，以达到优化时间的目标。

进一步思考

一寸光阴一寸金，寸金难买寸光阴。古人是通过什么方式计时的呢？老师们也可以结合古人的计时方式进行出题。

你还知道哪些关于时间的知识呢？

评价标准和方式

评价标准

小学低年级学生处于认知发展前运算阶段中的直觉思维阶段，所以我们的作业主要考查学生的简单动手操作、实践模拟和语言描述。学生在参与和体验的过程中，获得对时间知识的理解，同时结合自身真实情境，关注真实问题的解决。这样的设计旨在为学生搭建一座联系生活实际与数学知识的桥梁，培养学生珍惜时间的态度。

评价方式

1. 奖状评选

只要参与的学生都可获得"时间大师"奖状，以鼓励每一位积极完成作业的学生。此外，我们还根据学生的具体情况，分别给出创意分和美观分，见表3-3。

表 3-3

创意分	美观分	评奖
10分	10分	最优秀的时间大师
10分	5分	最创意的时间大师
5分	10分	最美丽的时间大师
5分	5分	最积极的时间大师

根据评分结果，评选出获得"最优秀的时间大师""最创意的时间大师""最美丽的时间大师""最积极的时间大师"称号的作品。

图3-15中的作品出自：姚思辰、赵家兴、蔡美琳。

图 3-15

2. 语言奖励

凡是获奖的作业，均将在班级中展出，其他学生可以欣赏到优秀的作品，增强学生们的荣誉感，给学生们创造一个互相学习、互相评价的良好氛围。

［设计者：汪美均、魏凤云、王晋 / 深圳市福田区东海实验小学］

货币的奥秘
——元、角、分的认识
与解决实际问题

作业目标

- 在购物活动中，通过商品的定价、付钱和找钱等具体活动，认识人民币的相关知识。
- 积累购物经验，能进行简单的货币单位的换算，学会付钱、找钱，感受付钱策略的多样性。
- 了解人民币的意义，发展数感、运算能力和应用意识，养成勤俭节约的意识，形成初步的金融素养。

作业属性

作业类型 ✎

书面作业 ☐　　　非书面作业 ☑　　　课时作业 ☐　　　单元作业 ☑

作业功能 ✎

课前预习 ☐　　　课堂练习 ☐　　　课后复习 ☐　　　单元复习 ☑

适用学段 ✎

义务教育第一学段（1~2 年级）

设计内容和思路

设计内容

同学们，认识人民币既是"综合与实践"领域基础知识的一部分，又是人们日常生活中必须掌握的生活技能。数学老师设计了"货币的奥秘"的系列探究活动，同学们，你们能在活动中探索出"货币的奥秘"吗？试试看吧！

作业1 解密人民币（20分钟）

通过阅读书籍、上网查阅、询问家长等方式查找资料，从表3-4中选择一项人民币的相关内容，准备1~2分钟的演讲。

表 3-4

序号	题目
1	人民币的面值
2	人民币的来历
3	人民币的发展史
4	人民币背面的风景
5	人民币中的防伪知识
6	人民币与其他国家的货币如何兑换
……	……

设计意图

让学生在自主探究中感悟数学文化，经历有关人民币的资料查询、信息梳理、清晰表达、认真倾听等活动，初步了解人民币的演变历史以及产生的必要性，并初步认识各种面值的人民币。

核心素养

应用意识 创新意识

作业2 兑换小达人（20分钟）

同学们，每次陪父母去银行，是不是都对银行职员的工作充满好奇呢？今天我们就一起体验一下吧！

请你扮演银行职员，你的父母扮演顾客，使用学具盒中的"人民币"开展一场换钱活动。"银行职员"需要根据"顾客"的换钱需求进行换钱，在游戏中深化对人民币的单位换算规律的理解。

设计意图

考查学生的数感以及学生对"元、角、分"之间的相互转化的理解与应用。

核心素养

数感 应用意识

作业3 购物欢乐多（20分钟）

同学们，想不想体验购物的快乐？那就请你利用北师大版《数学 二年级 上册》第107页的"人民币"和物品卡，如图3-16所示，与父母开展模拟购物吧！

图 3-16

先由爸爸妈妈扮演商店售货员，你带着"人民币"来购买各种各样的商品，随后可以进行角色互换。购买时要考虑"应付的钱数""实际付的钱数"以及"应找回的钱数"之间的关系，边交易边把交易的过程记录在表3-5中。

表 3-5

商品名称	应付的钱数	实际付的钱数	应找回的钱数

我遇到的困难：

我的解决方式：

购物中的心得：

在购物交易的过程中,进一步认识各种面值的人民币,巩固"元、角、分"之间的相互关系,学会付钱、找钱,感受付钱策略的多样性,并能解决简单的实际问题。

核心素养

数感　运算能力　应用意识

作业4　小小理财家(30分钟)

学习了人民币的知识后,相信你对理财有了一定的了解和想法,跃跃欲试了吧。利用周末的一天,你可以先制订100元的消费计划,再让父母带你去超市购物。在挑选商品的过程中,记得记录价格并自己计算总金额。在结账时,你可以思考多种付钱方案,并判断手里的钱够不够。如果不够,差多少?如果够了,要判断是正好还是多了,如果多了,多了多少。结账后,根据购物小票检验你的计算是否正确,如果错误,请根据购物小票重新算一遍。最后,简单撰写一篇理财心得,写一写100元能购买什么、对物价的看法以及未来如何使用金钱等,完成后,可以在课堂上与同学们分享。

设计意图

真实的购物情境可以让学生了解物品价格,从而感悟金钱尺度。这种情境可以考查学生的数感、运算能力和应用意识,积累购物经验,并让他们感受数学与生活的密切联系。

核心素养

数感　运算能力　应用意识

作业5　支付方式的变化(10分钟)

通过查阅资料,以"支付方式的变化"为主题,每个小组准备1分钟的演讲,分享现在的支付方式以及畅想未来的支付方式。

设计意图

通过了解如今的支付方式并思考未来可能的支付方式,学生感受高科技为支付带来的便捷,发展学生的想象力和创造力。

作业6　设计优学币（30分钟）

请你综合本单元学习的人民币的知识，设计一款在学校使用的优学币（累积可兑换礼物），以激励同学们的乐于助人、勤奋好学等优良品质，并写出你的设计思路以及优学币的使用规则。

设计意图

立足真实的生活情境，激发学生学习的内在动机，引发学生深度思考，发展学生的高阶思维。

核心素养

应用意识　创新意识

设计思路

"购物"是北师大版《数学　二年级　上册》第二单元的教学内容，它是建立在学生学习了100以内数的加、减法以及加减混合运算的基础上的，同时也为学生后续学习小数等知识做铺垫。对于二年级的学生来说，人民币的概念比较抽象，让学生在有趣的生活情境和生动的数学活动中增加直观感性认识，理解相关知识，积累活动经验，发展核心素养。基于此分析，单元作业设计的整体思路结构图如图3-17所示。

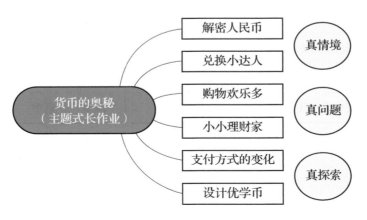

图　3-17

进一步思考

老师们还可以在校园内组织学生开展爱心义卖活动,发展学生数学核心素养的同时提升学生关爱弱势群体、救助贫困人群的爱心意识。此外,这样的活动还能推广低碳、环保、绿色生活的理念,从而充分发挥数学的育人价值。

评价方式

请在表 3-6 中对你在这次作业练习中的表现进行评价(把每项后面的☆涂上颜色,涂满 5 个为做得最好)。

表 3-6

学生自评	
评价内容	评价之星
1. 我能选择合适的方式查找资料,准备"解密人民币"的演讲	☆ ☆ ☆ ☆ ☆
2. 我认识各种面值的人民币,会兑换人民币,并知道元、角、分之间的关系	☆ ☆ ☆ ☆ ☆
3. 我会在购物情境中进行有关人民币的简单计算,会付钱和找钱,付钱时有多种策略	☆ ☆ ☆ ☆ ☆
4. 我能说出 100 元能购买的商品	☆ ☆ ☆ ☆ ☆
5. 我要爱护人民币	☆ ☆ ☆ ☆ ☆
6. 我能说出现在的支付方式并能畅想未来的支付方式	☆ ☆ ☆ ☆ ☆
7. 我能为班级设计优学币,能写出设计思路和使用规则	☆ ☆ ☆ ☆ ☆
8. 这次活动对我来说(打"√")	简单 □ 适中 □ 有挑战 □

[设计者:孙佳琪 / 深圳市福田区梅林小学]

有趣的 50 元
——购物实践作业

作业目标

- 经历人民币的使用过程，初步体会人民币的社会功能与作用。
- 通过真实购物情境，认识各种面值的人民币，学会付钱、找钱，感受付钱策略的多样性，解决生活中简单购物问题。
- 通过收集商品定价信息，在用有限的 50 元购买商品的过程中，培养价值意识和采购规划能力，锻炼自我管理能力和应用意识。

作业属性

作业类型
书面作业 □   非书面作业 ☑   课时作业 □   单元作业 □

作业功能
课前预习 □   课堂练习 □   课后复习 □   单元复习 ☑

适用学段
义务教育第一学段（1~2 年级）

设计内容和思路

设计内容

同学们，你是否已经掌握了购物的学问？试试凑出 50 元，开展有趣的购物活动吧！

任务 1

家长准备面值 1 元，5 元，10 元，20 元的纸币给孩子选择，让孩子自由组合，凑 50 元去购物。

设计意图

通过凑 50 元情境设计，加深学生对不同面值人民币的认识，并感受等值钱币组合方法的多样性。

核心素养

数感　量感

任务 2

前往超市，让孩子自由选择商品，将所选商品列个清单，并用算式算一算一共花了多少钱？

设计意图

通过列购物清单，促使孩子在购物过程中深入了解不同物品的价格，同时在计算一共花了多少元的过程中，对购买商品的价值有更深刻的认识。

核心素养

数感　量感　运算能力

任务 3

孩子自己买单，提前估一估用 50 元买这些东西，够吗？如果够，请算一算还剩多少钱？如果不够，请说出原因。

设计思路

　　随着电子支付的普及，人民币的使用离学生们的生活越来越遥远，在学生们看来，购物就是到商场随意选择自己喜欢的商品后，家长"嘀"一声扫码，就可以轻松完成。购物过程日渐便利，削弱了生活中购物实践本应给学生带来的价值判断体验和珍惜、感恩等心理感受。因此，我们设计了"有趣的 50 元"数学综合实践作业，以 3 个任务驱动整个活动，既加深学生对人民币的认识与使用，又强化了对不同商品价值的认识，帮助他们树立正确的金钱观，发展数感、量感、运算能力和应用意识。

进一步思考

　　老师们还可以利用校本课时间组织开展跳蚤市场活动，引导学生们自主讨论买卖的商品，经历采购、价格、商家的分区（出售商品的分类）以及完整的买卖过程等。

评价方式

（一）等级评价

☆：参与实践活动，基本完成 3 个任务。

☆☆：参与实践活动，按要求完成 3 个任务。

☆☆☆：参与实践活动，完成 3 个任务的同时带有额外思考。

（二）针对性评价

老师可以结合学生作业的完成情况给予针对性评价，如：

1. 基础扎实的学生

该生能用已经学过的"元、角、分"的知识完成购物的过程，经历不同面额钱币的兑换与运算。

2. 运用工具的学生

该生作业运用表格工具对购买的商品及其数量和价格进行了整理，清晰地呈现了"50 元购物"的全过程，善于用数学工具解决问题。

3. 拓展学习的学生

该生基于生活中常见的用小数表示钱币的形式，通过自学小数加、减法完成钱币的计算，拓宽了知识面。

[设计者：李岚岚、黄红华、沈洁 / 深圳市福田区东海实验小学]

混合运算冲三关
——混合运算练习作业

作业目标

- 能熟练正确掌握加、减、乘、除法的混合运算。
- 运用画图策略，帮助学生理解题目信息，分析数量关系。
- 能结合具体情境，选择合适的数学信息，解决相应的实际问题。

作业属性

作业类型

书面作业 ☑ 非书面作业 ☐ 课时作业 ☐ 单元作业 ☑

作业功能

课前预习 ☐ 课堂练习 ☐ 课后复习 ☐ 单元复习 ☑

适应学段

义务教育第二学段（3~4年级）

设计内容和思路

设计内容

基础关

1. 看谁算的又快又准。

$5 \times 7 + 2$ $30 \div 6 - 3$

$6 \times （7 + 2）$ （$54 - 48$）$\div 6$

设计意图

本环节是北师大版《数学 三年级 上册》第一单元"混合运算"的复习练习，从加强基础的巩固练习到结合具体情境解决简单的数学问题。

核心素养

运算能力 数感 应用意识

2. 请认真读题并填空。

① 在一个算式里如果既有加减法，又有乘除法，要先算（   ），再算（   ）；如果有小括号，要先算（   ），再算（   ）。

② 三（1）班有女生 15 人，男生 17 人。如果每 4 人一组做实验，可以分成（   ）组，列出综合算式是（   ）。

③ 公益停车场停了 5 排小汽车，每排有 6 辆；面包车停了 7 辆。小汽车比面包车多（   ）辆。

④ 一本《数学创新实验》书有 68 页，甜甜每天看 8 页，看了 7 天后，还剩（   ）页没看。

升级关

1.开动脑筋，将正确的选项填在括号里。

①在下面的算式中，横线部分先算的，不正确的是（   ）。

　　A. $\underline{18 \div 6}-3$　　　　B. $3+\underline{7 \times 2}$　　　　C. $78-（\underline{20+5}）$

②下面的算式中，先算减法的是（   ）。

　　A. $90-7 \times 5$　　　　B. $27+（8-6）$　　　　C. $54 \div 9-6$

③下面算式中，与（$20 \div 16$）$+5$ 的结果一样的算式是（   ）。

　　A. $20+5 \div 16$　　　　B. $20 \div 16+5$　　　　C. $20 \div 5+16 \div 5$

④如图 3-18 所示，鹏鹏想买 1 个面包和 2 盒牛奶，一共要花多少钱？正确列式是（   ）。

　　A. $5+9$　　　　　　B.（$9+5$）$+2$　　　　C. $9+5 \times 2$

9元/个　　　　5元/盒

图　3-18

2. 如图 3-19 所示，根据图意列出算式并计算。

48元/架　　　　　　　　　　　6元/只

? 元

图　3-19

拓展关

1.解决问题

①商场举行活动，如图 3-20 所示，摆放了单人椅 30 把和双人椅 6 把，这些椅子一共能坐多少人？

单人椅　　　　双人椅

图　3-20

②如图 3-21 所示，甜甜去文具店买了 1 支钢笔和 6 支圆珠笔，一共付了 60 元钱，每支圆珠笔多少元?

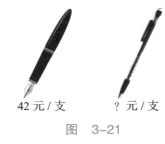

42 元 / 支　　　? 元 / 支

图　3-21

2. 我能编题

?　　　　你能编制一道用算式"27×3+15"解决的生活中的应用题吗?请你写在下面空白处并解答。

設計意圖

根据学情，每个学生的情况不同，因此需要设计有一定弹性的作业，真正让学生学会学习。

核心素养

数感　应用意识　创新意识

设计思路

作业练习是巩固课堂知识，延伸课堂教学，提升学生学习能力和素养的重要途径。如何针对不同层次、不同学段、不同学情的学生进行更具针对性、有效性的作业设计，如何正确平衡学生、教师和家长三者的关系，以促进教学的有效实施，如何开发学生的思维，让做作业成为一种"生活乐趣"？通过设计单元游戏作业，我们将其分成基础关、升级关和拓展关进行阶梯性巩固练习。这样可以让做作业变得快乐和自主，同时发展学生的不同素养，开发学生的思维，不断提升数学能力，从而实现学生、教师、家长三方的共赢。

进一步思考

老师们还可以根据不同生活情境展开混合运算的练习和运用。例如，混合运算律之间的比较运用，工程，路程、时间与速度等生活中的运用问题等。

评价标准和方式

评价标准

参考答案

✔ **基础关**

1. 37　2　54　1

2. ① 乘除法　加减法　小括号里面的　小括号外面的

　　② 8　（15+17）÷4=8（组）　　③ 23　　④ 12

✔ **升级关**

1.① B　② B　③ B　④ C

2.48+4×6=72（元）

✔ **拓展关**

1. ① 30+6×2=42（人）

   答：这些椅子一共能坐 42 人。

   ②（60−42）÷6=3（元）

   答：每支圆珠笔 3 元。

2. 编题不唯一

   27×3+15=96

评价方式

评价方式见表 3−7。

表　3−7

	完成较快	完成一般	完成较慢
学生自评			
	独立完成 第一阶（基础关）	独立完成 第二阶（升级关）	独立完成 第三阶（拓展关）
	最容易的题	最困难的题	最喜欢的题
	学习的方法总结		
	自我总评		
	很满意	满意	继续加油
教师评价	书写工整	质量较高	学以致用
	教师总评		

[设计者：罗梅 / 深圳市福田区荔园外国语小学香蜜湖校区]

蚂蚁赛跑
——长方形周长的应用

作业目标

● 掌握长方形（正方形）周长的基本知识，包括：

（1）通过摆一摆，画一画等活动，了解长方形（正方形）的基本特征。

（2）探索并运用长方形（正方形）的周长计算公式，正确熟练地计算出结果，并能解决简单的实际问题。

● 创设故事情境，将周长与实际生活相联系，并学会运用所学知识解决实际问题。

● 锻炼动手能力、观察能力、应用能力，灵活运用知识，培养发散性思维与创新意识。

作业属性

作业类型

书面作业 ☑　　非书面作业 □　　课时作业 ☑　　单元作业 □

作业功能

课前预习 □　　课堂练习 □　　课后复习 ☑　　单元复习 □

适用学段

义务教育第二学段（3~4 年级）

设计内容和思路

设计内容

勤劳的小蚂蚁们准备参加动物运动会，参与紧张刺激的跑步比赛。它们购买了 16 个边长为 1cm 的小正方形边框，如图 3-22 所示，计划将它们拼在一起作为比赛跑道。

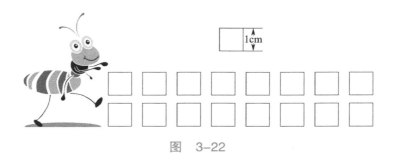

图　3-22

作业 1　搭建跑道：摆一摆、画一画

请你把 16 个正方形边框摆成一个大的长方形或正方形，并将最外边的线涂上你喜欢的颜色，形成小蚂蚁的跑道，一共能形成多少种不同的跑道？请在下方绘图区摆一摆，画一画。

绘图区

设计意图

结合拼积木、拼图经验，探索不同形状的可能性，培养发散思维能力。

核心素养

几何直观

作业 2　测量跑道：算一算，比一比

作业 1 中搭建的不同的跑道，蚂蚁分别跑一圈是多长呢？请在下方绘图区算一算，比一比。

```
                    绘图区
```

设计意图

结合情境，探索长方形和正方形周长的计算方法。

核心素养

运算能力　应用意识

紧张刺激的跑步比赛马上要开始啦！逆时针绕跑道跑 1 圈，最短时间跑完的蚂蚁获胜！

作业 3　你追我赶：看看谁更快

小蚂蚁们跑 1cm 需要 5s。蚂蚁们在作业 1 中搭建的不同的跑道赛跑，分别需要多少时间能完成比赛？

设计意图

通过故事引导，灵活运用周长知识并巩固乘法运算，解决实际问题。

核心素养

运算能力

作业 4　神奇药水：能让蚂蚁跑得更快

动物王国提供了 2 瓶神奇药水，蚂蚁喝了神奇药水，跑 1cm 只需要 1s！但转弯后神奇药水作用就会消失（每次只能喝 1 瓶，喝神奇药水不花时间）。

为了尽可能发挥药水的作用，小蚂蚁会把 2 瓶神奇药水放在作业 1 中搭建的跑道的哪个位置？要想用时最短，聪明的小蚂蚁会选择哪一条跑道？请在下方绘制区摆一摆，算一算。

绘图区

设计意图

避免机械地使用周长公式，围绕神奇药水位置、不同边的时间计算，锻炼学生数学推理能力与发散思维能力。

核心素养

推理能力　创新意识

设计思路

以几何特征为基础，期望学生在掌握长方形周长计算的基础上，能够发散数学思维，提高创新意识，探索不同可能性。题目创设了有趣的故事情节，通过拼积木的经验开展摆一摆、画一画的趣味活动，回顾二年级长方形、正方形四条边的长度特征，帮助学生更好地掌握周长计算方法。同时，通过引入神奇药水的情境，引导学生理解不同情况下图形发生的变化，进而强化周长知识的灵活应用。

进一步思考

如果转弯后，神奇药水作用不变，蚂蚁还是跑1cm只需要1s，神奇药水应该放在哪呢？对我们以后比赛跑步，有没有启示？

评价标准和方式

评价标准

参考答案

✔ 作业1

通过摆一摆16个小正方形边框，画一画想要拼成的长方形（正方形）。需要长方形对边长度分别相等，正方形四条边长度相等。

①第一种跑道：16个小正方形边框摆成一排，把大长方形的外边线涂上色，如图3-23所示。

图　3-23

②第二种跑道：8个小正方形边框摆成一排，共两排，把大长方形的外边线涂上色，如图3-24所示。

③第三种跑道：4个小正方形边框摆成一排，共四排，把大正方形的外边线涂上色，如图3-25所示。

答：一共能摆出3种不同的跑道。

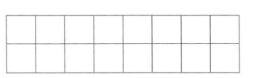

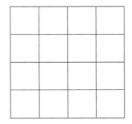

图　3-24　　　　　图　3-25

第三篇　用中学

✔ **作业 2**

长方形的周长 ＝（长 ＋ 宽）×2；正方形的周长 ＝ 边长 ×4（计算方法不作唯一限制）。

①第一种跑道的长度（周长）：（16+1）×2=34（cm）

②第二种跑道的长度（周长）：（8+2）×2=20（cm）

③第三种跑道的长度（周长）：4×4=16（cm）

答：不同形状跑道的长度，可能是 34cm，可能是 20cm，也可能是 16cm。

✔ **作业 3**

乘法运算可使用两位数与一位数的乘法口算（两位数拆分为整十数与个位数），或利用乘法竖式来计算：

①第一种跑道的完成时间：34×5=170（s）

②第二种跑道的完成时间：20×5=100（s）

③第三种跑道的完成时间：16×5=80（s）

答：蚂蚁在不同跑道赛跑，分别需要 170s、100s 和 80s 能完成比赛。

✔ **作业 4**

每瓶神奇药水应放在跑道长边的起始位置，计算时间鼓励算法多样化。一是使用加法，先计算喝了神奇药水的跑道花了多少时间，以及没喝神奇药水的跑道花了多少时间，之后进行加总；二是使用减法，先计算喝了神奇药水的跑道能节约多少时间，再基于"作业 3 你追我赶：看看谁更快"活动中已得到的时间结果，相减即可。

如图 3-26 所示，第一种跑道的跑完时间：

加法：$16×1×2+1×5×2=42$（s）

减法：$170-16×（5-1）×2=42$（s）

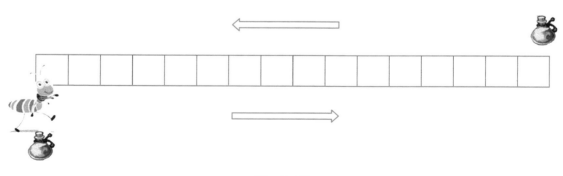

图 3-26

如图 3-27 所示，第二种跑道的跑完时间：

加法：8×1×2+2×5×2=36（s）

减法：100-8×（5-1）×2=36（s）

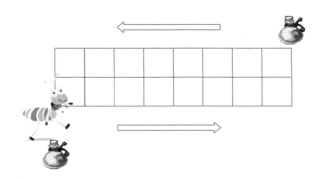

图　3-27

第三种跑道的跑完时间（4 条边长度相等，神奇药水放到哪条边的起始位置均可），如图 3-28 所示：

图　3-28

加法：4×1×2+4×5×2=48（s）

减法：80-4×（5-1）×2=48（s）

答：在有 2 瓶神奇药水的情况下，聪明的蚂蚁应选择第二种跑道才能获得最后胜利，跑完的时间为 36s，时间最短。

评价方式

请在表 3-8 中对你在这次作业练习中的表现进行评价（把每项后面的☆涂上颜色，涂满 5 个为做得最好）。

表 3-8

学生自评	
评价内容	评价之星
1. 我能拼出不同形状的跑道	☆ ☆ ☆ ☆ ☆
2. 我知道周长是什么意思	☆ ☆ ☆ ☆ ☆
3. 我会计算跑道的周长	☆ ☆ ☆ ☆ ☆
4. 我能用乘法解决实际问题	☆ ☆ ☆ ☆ ☆
5. 我知道神奇药水放的位置	☆ ☆ ☆ ☆ ☆
6. 我能分不同情况去思考	☆ ☆ ☆ ☆ ☆
7. 这次作业对我来说（打"√"）	简单 □ 适中 □ 有挑战 □

［设计者：胡耀宗 / 深圳市福田区园岭外国语小学］

乘法解密大通关
——三位数乘一位数乘法单元作业

08

作业目标

- 掌握三位数乘一位数的竖式计算方法。
- 掌握三位数乘一位数的估算方法。
- 结合深圳地铁建设相关常识，能运用三位数乘一位数解决实际问题。
- 能从具体路线中抽象出线段图，并采用合适的策略解决问题。

作业属性

作业类型

书面作业☑   非书面作业☐   课时作业☐   单元作业☑

作业功能

课前预习☐   课堂练习☐   课后复习☑   单元复习☑

适用学段

义务教育第二学段（3~4年级）

设计内容和思路

设计内容

第一关 我是计算小博士

$210 \times 3 =$ $201 \times 3 =$ $208 \times 3 =$ $830 \times 8 =$ $806 \times 5 =$

设计意图

掌握并理解三位数中间或者末尾有零的乘法竖式计算方法。

核心素养

数感　运算能力

第二关 我是估算小冠军

我能把下列三位数估算成合适的整百、整千数，并迅速完成口算。

$307 \times 4 \approx$ $502 \times 5 \approx$ $298 \times 6 \approx$

$509 \times 2 \approx$ $413 \times 3 \approx$ $998 \times 4 \approx$

设计意图

掌握三位数乘一位数的估算策略，能灵活运用估算和口算方法。

核心素养

数感　运算能力

第三关 我是小生活委员

三年级各班给希望小学捐赠图书 59 册，请问，三年级 6 个班一共捐赠图书大约多少册？

设计意图

能从生活情境中提取有效信息，运用乘法解决实际问题。

核心素养

数感　运算能力　应用意识

第四关 我是火车小乘客

（1）如图 3–29 所示，成都东到深圳北途中要经过哪些站，说一说，画一画。

（2）假设火车的平均速度约为 200km/h，乘坐高铁从深圳北到成都东约需要 8h，请问深圳北到成都东的铁路长约多少千米？

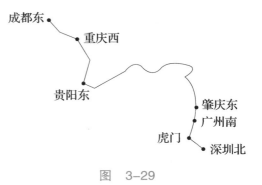

图 3–29

设计意图

在解决问题的过程中，学生学习利用示意图化繁为简解决问题。

核心素养

数感　运算能力　模型意识　应用意识

第五关 我是地铁小司机

深圳地铁 11 号线的平均速度约为 1000m/min，从车公庙站到红树湾南站共历时约 6min（不算经停时间），请问两站之间的轨道距离约是多少米？

设计意图

能筛选有效信息，掌握“速度 × 时间 = 路程”的数量关系，能运用乘法解决实际问题。

核心素养

数感　运算能力　模型意识　应用意识

第六关 我是猜数小能手

找出图 3–30 中字母分别代表哪个一位数。

$$\begin{array}{r} a\ 4\ b \\ \times\quad\ 7 \\ \hline c\ 8\ d\ 2 \end{array}$$

图 3–30

设计意图

熟练掌握三位数乘一位数的乘法竖式计算方法，发挥观察能力、数感和推理意识，从线索中逆向推理。

核心素养

数感 运算能力 推理意识

设计思路

设计思路如图 3–31 所示。

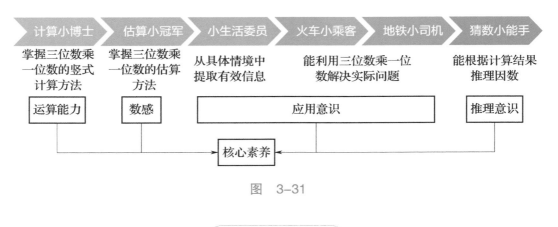

图 3–31

进一步思考

老师们还可以结合当地的路况、民情、特色，切换更多与学生生活实际贴近的情境，鼓励学生进行实践调查，并结合资料设计与本单元有关的习题或作业练习。

评价标准和方式

评价标准

参考答案

 第一关

630 603 624 6640 4030

✔ **第二关**

1200　2500　1800　1000　1200　4000

✔ **第三关**

59 ≈ 60，60 × 3=180（本）　答：一共捐赠图书大约 180 本。

✔ **第四关**

（1）经过重庆西、贵阳东、肇庆东、广州南、虎门，如图 3–32 所示。

成都东　重庆西　　贵阳东　　　　　　　　　肇庆东　广州南　　虎门　深圳北

图　3–32

（2）200 × 8=1600（km）　答：深圳北到成都东的铁路约 1600km。

✔ **第五关**

1000 × 6=6000（m）　答：两站之间的轨道距离约是 6000m。

✔ **第六关**

a=5，b=6，c=3，d=2。

评价方式

请在表 3–9 中对你在这次作业练习中的表现进行评价（把每项后面的☆涂上颜色，涂满 5 个为做得最好）。

表　3–9

学生自评	
评价内容	评价之星
1. 我会正确使用竖式计算两、三位数乘一位数的乘法	☆ ☆ ☆ ☆ ☆
2. 我掌握了估算三位数乘一位数的方法	☆ ☆ ☆ ☆ ☆
3. 我会分析题目，能找到有效的数学信息	☆ ☆ ☆ ☆ ☆
4. 我能运用乘法解决实际问题	☆ ☆ ☆ ☆ ☆
5. 我能读懂路线图，并根据路线图画出示意图	☆ ☆ ☆ ☆ ☆
6. 我能熟练运用乘法线索，推理出对应的数字	☆ ☆ ☆ ☆ ☆
7. 我能主动解决作业过程中遇到的问题	☆ ☆ ☆ ☆ ☆
8. 这次作业对我来说（打"√"）	简单 □　适中 □　有挑战 □

［设计者：马若倩 / 深圳市福田区益强小学］

一天的时间
——24 时计时法

作业目标

- 通过练习，进一步理解 24 时计时法与 12 时计时法的区别，能准确使用两种计时法表示时间。
- 感受 24 时计时法与 12 时计时法的区别，熟练掌握它们之间相互转换的规律，并能够准确地进行相互转换。
- 巩固年、月、日以及时、分、秒时间单位间的换算。

作业属性

作业类型

书面作业 ☑   非书面作业 □   课时作业 □   单元作业 □

作业功能

课前预习 □   课堂练习 □   课后复习 ☑   单元复习 □

适用学段

义务教育第二学段（3~4 年级）

设计内容和思路

设计内容

基础练习

作业1 换

将表 3–10 中的 12 时计时法和 24 时计时法进行相互转换。

表 3–10

12 时计时法	上午 8:30		夜里 12:30		下午 3:20
24 时计时法		16:00		22:15	

设计意图

以表格形式呈现两种不同的计时方法，通过练习，学会区分 12 时计时法和 24 时计时法；熟练运用 12 时计时法与 24 时计时法转换的规律进行准确转换。

核心素养

应用意识 模型意识

作业2 画

画出图 3–33 中的钟面指针，再用 24 时计时法表达。

凌晨 2:20（   :   ）   晚上 8:15（   :   ）

图 3–33

设计意图

能准确用 24 时计时法表示时间，并在钟面上画出相应的指针。对比同一个时间用 12 时计时法、24 时计时法与钟面上的表示法之间的异同。

核心素养

应用意识　模型意识

巩固练习

作业3　填

填入合适的数。

360 秒 =（　　）分　3 周 =（　　）天

1 世纪 =（　　）年　5 天 =（　　）小时

从上午 7:40 到上午 8:30 共经过了（　　）小时（　　）分钟

设计意图

　　能厘清年、月、日以及时、分、秒之间的进率，并能准确地进行单位换算。同时，会运用 24 时计时法计算"经过的时间"问题。

核心素养

应用意识　模型意识

提高练习

作业4　用

请帮甜甜解决问题。

早上，路过一家快餐店，营业时间如下：

早上：6:00—8:30

中午：11:30—2:00

1. 可以帮我换另一种计时法表示这家快餐店的营业时间吗？

2. 请帮我算一算这家快餐店中午营业的时长。

3. 这家快餐店全天营业的总时长是多长时间？

4. 甜甜从家到快餐店需要 15min，如果她想在这家快餐店吃早餐，吃早餐用时 10min，她最晚早上几时从家出发？

 试一试（选做题☆）

作业 5

甜甜昨晚 10:30 睡觉，早上 7:30 起床，从快餐店到学校需要 5min，学校要求早上 8:30 准时到校，那么她最晚几时出发才能保证既能吃到早餐，又能准时到校？如果她中午不睡觉，那么她这一天的睡眠时间有多长？

知识链接：按"五项管理"中的睡眠要求：小学生每天要睡够 10h。

说一说：你认为我这样安排时间合理吗？你有何建议？

设计意图

结合生活实际情境，激发学生的学习兴趣，同时针对学生的差异设计分层作业，培养和提高学生全面思考问题和解决问题的能力。作业分为四个层次：第 1、2 题为基础练习；第 3 题计算时要将两段时间相加，再求出总的营业时间，此题为巩固练习；第 4 题难度加大，学生通过认真审题，掌握题意和解题策略，此题为提高练习；第 5 题为能力提升练习，学生不仅要读懂题意、分析题意，还要搞清楚逻辑关系，此题为选做题。

核心素养

应用意识　模型意识

设计思路

　　本作业设计建立在学生掌握年、月、日知识的基础上，希望通过多样化的作业形式帮助学生巩固知识点并能够灵活应用。通过联系生活真实情境，让学生切实感受学有所用。考虑到学生之间存在能力差异，需要我们设置分层次的作业，让学生能够找到自己的最近发展区。对于有思考难度的部分设置选择项，让学生根据自己的情况进行选择，从而增加作业的可选性。根据"新课标"要求，数学源于生活，用于生活。本次作业处处渗透该要求，让学生通过学习时间的相关知识，增强学生的时间管理意识，培养他们从实际问题中提取信息、举一反三的能力，以及提升他们建立数学模型的意识，并培养学生优良的学习品质。

进一步思考

　　计时法与我们的生活紧密相连，对我们的生活有着直接的影响。我们还可以结合学生感兴趣的时间问题设计不同类型的作业，如游戏类和生活实践类作业。

　　学习时间知识是培养学生时间管理能力的基础，我们可以开展有关时间表的调查活动。基于调查结果，同学们一起分析合理利用时间的重要性，从而提升学生学习的乐趣。

评价标准和方式

评价标准

参考答案

✓ **基础练习**

　　作业 1：8:30　下午 4:00　00:30　晚上 10:15　15:20

　　作业 2：2:20（画图略）　20:15（画图略）

✔ 巩固练习

作业 3：6　21　100　120　0　50

✔ 提高练习

作业 4：1. 早上 6:00—8:30　中午：11:30—14:00

　　　　2. 2 小时 30 分

　　　　3. 5 小时

　　　　4. 8:05

✔ 选做题

作业 5：8:00；9 小时；不合理（建议略）

评价方式

请在表 3-11 中对你在这次作业练习中的表现进行评价（把每项后面的 ☆ 涂上颜色，涂满 5 个为做得最好）。

表　3-11

学生自评	
评价内容	评价之星
1. 我会用两种计时法表达时刻	☆ ☆ ☆ ☆ ☆
2. 我能灵活地进行两种计时法的转化	☆ ☆ ☆ ☆ ☆
3. 我理解两种计时法的区别	☆ ☆ ☆ ☆ ☆
4. 我能正确计算时长	☆ ☆ ☆ ☆ ☆
5. 我能根据实际情境，提取关键信息	☆ ☆ ☆ ☆ ☆
6. 我能结合实际情况，分析事情的合理性	☆ ☆ ☆ ☆ ☆
7. 我能通过查阅资料了解知识链接信息	☆ ☆ ☆ ☆ ☆
8. 这次活动对我来说（打"√"）	简单 □　适中 □　有挑战 □

[设计者：何洁 / 深圳市福田区梅丽小学]

巧用分数探端午
——分数在生活中的应用作业

作业目标

- 发现生活中的分数，能理解分数的意义，能通过涂一涂的方式表示出分数。
- 会利用分数解决简单的生活问题，进一步体会分数与实际生活的密切联系。
- 在实际生活情境中，培养学生信息收集能力、分析问题的能力，发展创新意识。

作业属性

作业类型

书面作业 ☑ 非书面作业 ☐ 课时作业 ☐ 单元作业 ☑

作业功能

课前预习 ☐ 课堂练习 ☐ 课后复习 ☐ 单元复习 ☑

适用学段

义务教育第二学段（3~4年级）

设计内容

知识链接 1：端午节

端午节：每年的农历五月初五庆祝，是一个融合了拜神祭祖、祈福辟邪、欢庆娱乐和特色饮食的综合性民俗节日。在岭南地区，主要习俗包括划龙舟、挂艾草、祭拜祖先、浸龙舟水、吃龙舟饭、食用粽子、系五色丝线等。这些习俗体现了端午节的历史和文化。

亲爱的同学们，端午节的到来大家都很期待，我们跟随鹏鹏和甜甜一家体验当地端午节的风俗和有趣的庆祝活动吧！

知识链接 2：五色丝线

五色丝线：又称五色丝、五彩丝。我国古代崇敬五色，以五色为吉祥色。因而，节日清晨，各家大人起床后第一件大事便是在孩子手腕、脚腕、脖子上系用红、绿、黄、白、黑色粗丝线搓成的五色丝线。

端午节一早奶奶就给鹏鹏和甜甜系上了五色丝线。奶奶说，在编织时用了 3 根红线、4 根绿线、5 根黄线、2 根白线和 1 根黑线。

作业 1　写一写

请用分数表示每种颜色的丝线占丝线总数的多少。

红线（　　）　绿线（　　）　黄线（　　）　白线（　　）　黑线（　　）

作业 2　比一比

比一比各分数的大小。

（　　）＜（　　）＜（　　）＜（　　）＜（　　）

能结合具体情境表达分数，掌握比较同分母分数大小的方法。

核心素养

数感

知识链接3：赛龙舟

赛龙舟是多人集体划桨竞赛，是端午节的一项重要活动，是我国古代龙图腾祭祀的仪式之一，是遗俗。至今，赛龙舟在中国南方沿海一带仍十分流行。龙舟竞渡的风俗各地都有，但尤以岭南一带花样繁多，除了常见的"斗标"和"趁景"外，还有"踩龙舟""打龙舟"等种种形式。

2023年6月22日上午，深圳市福田区新洲河上迎来一场别开生面的大湾区龙舟邀请赛。来自广东、香港、澳门的12支龙舟队伍，在这条河道乘风破浪，经过激烈的较量。最终，韶关市龙舟协会龙舟队获得男子组冠军，香港碧海龙舟队、东莞莞义龙舟队分别获得第二、第三名，深圳市龙舟协会女子队获得女子组冠军。

作业3　说一说

我最想表达的分数：_____，表示含义：_____。

作业4　想一想

烈日炎炎看比赛，爸爸和鹏鹏各买了一瓶同种饮料来解渴，爸爸的那瓶还剩下 $\frac{1}{3}$，鹏鹏的那瓶还剩下 $\frac{1}{4}$，谁喝得多？说说你的思路。

设计意图

能结合具体情境，解释分数含义，掌握比较分数大小的方法。

核心素养

数感

端午食粽是端午节的传统习俗。粽，俗称粽子，主要食材是糯米、馅料，用箬叶包裹而成，形状多样，有尖角状、方状等。传入北方后，用黍米（北方产黍）做粽，称"角黍"。由于各地饮食习惯的不同，粽形成了南北风味；从口味上分，粽子有咸粽和甜粽两大类。

每年端午节奶奶都包好多粽子，有甜甜的红枣粽子、咸香的蛋黄粽子，还有我们最爱的鲜肉粽。把这些粽子混在一起准备分给大家。

爸爸说："我将粽子平均分成 2 份，拿走其中 1 份。"

鹏鹏说："我将粽子平均分成 4 份，拿走其中 2 份。"

甜甜说："我将粽子平均分成 6 份，拿走其中的 3 份。"

作业 5　辩一辩

甜甜认为，拿走的份数最多，得到的粽子就最多，你同意她的想法吗？

我们可以画一画再比呀！

他们三人这样分这一堆粽子，你认为合理吗？请结合生活实际，说出你的理由。

总和就是整体"1"哦！

设计意图

在实际生活情境中体会整体"1"，理解分数意义。

核心素养

运算能力　推理意识

知识链接 5: 岭南荔枝

惠州一绝

罗浮山下四时春，卢橘杨梅次第新。

日啖荔枝三百颗，不辞长作岭南人。（不辞一作：不妨）

——【宋】苏轼

作业 6　比一比

爸爸想买 10kg 荔枝送给叔叔一家，两个超市都有优惠，A 超市：每买四斤送一斤，B 超市：会员价可享受八折的优惠，算一算，在哪家买更加划算？

打折：就是在原来售价的基础上降价销售，几折则表示实际售价占原来售价的成数。注意：一折就是原价的十分之一。

设计意图

在生活实际中，提取有关重要信息，发展模型意识。

核心素养

运算能力　模型意识

设计思路

数学与生活是紧密相连的，本作业设计重在构造生活实际问题与数学知识之间的构建桥梁，让学生感受学有所用。其实，数学既源于生活，也用于生活。融合我国传统节日——端午节的习俗，通过知识链接促进学科融合，培养学生对我国传统文化的理解，发展跨学科探究思维的能力。

端午节主题单元作业思维导图如图 3-34 所示。

系五色线　　　　赛龙舟　　　　分端午粽　　　　买荔枝

结合生活情境，　　从真实的情境中　　在生活情境中体会　　结合生活实际，
初步认识分数和　　表达分数，理解　　分数的意义和方法，　提取信息，发展
比较分数大小。　　　其含义。　　　　理解整体"1"。　　　模型意识

数感　　　　　　数感　　　　　　运算能力　　　　模型意识

核心素养

图　3-34

进一步思考

　　分数在生活中应用很广，与之相似的问题有百分数、小数、比等问题，我们可以将这些数学概念联系生活实际中的打折、平均分、买几送几等背景进行作业设计，并落实"新课标"中的"会用数学的眼光观察现实世界，会用数学的思维思考现实世界，会用数学的语言表达现实世界的要求"。

评价标准和方式

评价标准

参考答案

✔ **作业 1**

$\frac{3}{15}$ $\frac{4}{15}$ $\frac{5}{15}$ $\frac{2}{15}$ $\frac{1}{15}$

✔ **作业 2**

$\frac{1}{15}$ $\frac{2}{15}$ $\frac{3}{15}$ $\frac{4}{15}$ $\frac{5}{15}$

✔ 作业 3

答案不唯一。

✔ 作业 4

$\frac{1}{3} > \frac{1}{4}$，爸爸剩的饮料多，那么，鹏鹏喝的饮料多。

✔ 作业 5

不同意。比较分数大小需要结合分子、分母一起考虑，分子的大小不能直接判断分数的大小。

通过画图（图略）可见，$\frac{1}{2} = \frac{2}{4} = \frac{3}{6}$，因为 $\frac{1}{2} + \frac{2}{4} + \frac{3}{6} > 1$，所以，他们三人这样分不合理。

✔ 作业 6

A 超市：买四斤送一斤，买八斤送二斤，相当于付原价的 $\frac{8}{10}$。

B 超市：一折相当于原价的 $\frac{1}{10}$，八折就是原价的 $\frac{8}{10}$。
所以，在两家超市购买 10kg 荔枝所花的钱一样多。

评价方式

请在表 3–12 中对你在这次作业练习中的表现进行评价（把每项后面的 ☆ 涂上颜色，涂满 5 个为做得最好）。

表　3–12

学生自评	
评价内容	评价之星
1. 我能用分数进行表达	☆ ☆ ☆ ☆ ☆
2. 我能结合情境，解释分数具体含义	☆ ☆ ☆ ☆ ☆
3. 我掌握了比较分数大小的方法	☆ ☆ ☆ ☆ ☆
4. 我能理解分数中整体"1"的意义	☆ ☆ ☆ ☆ ☆
5. 我会用分数知识解决简单的实际问题	☆ ☆ ☆ ☆ ☆
6. 我能联系生活实际问题发展分数模型意识	☆ ☆ ☆ ☆ ☆
7. 我能读懂商品的折扣相当于该商品原价的几分之几	☆ ☆ ☆ ☆ ☆
8. 我能理解买几送几相当于原价的几分之几	☆ ☆ ☆ ☆ ☆
9. 这份作业设计对我来说（打"√"）	简单 □　　适中 □　　有挑战 □

［设计者：马院萍 / 深圳市福田区石厦学校］

大数知多少

——四年级上册第一单元"认识更大的数"单元素养练习

作业目标

● 理解"万"以上数的意义，知道计数单位之间的关系，掌握数位顺序表。

● 会读、写、比较"万"以上的大数。

● 会用"万""亿"为单位表示大数。

● 会求一个数的近似数，能结合具体情境选择合理的近似数。

作业属性

作业类型

书面作业 ☑   非书面作业 □   课时作业 □   单元作业 ☑

作业功能

课前预习 □   课堂练习 □   课后复习 □   单元复习 ☑

适用学段

义务教育第二学段（3~4年级）

设计内容和思路

设计内容

作业 1　填空题

1. 填一填。

2021 年 5 月 11 日，国家统计局召开第七次人口普查发布会：截至 2020 年 11 月 1 日零时，我国人口总数为 <u>1411778724</u> 人。其中，0~14 岁人口为<u>二亿五千三百三十八万三千九百三十八人</u>，15~59 岁人口为 <u>894376020</u> 人。

（1）把 1411778724 填入表 3-13 中。

表　3-13

……	千亿	百亿	十亿	亿	千万	百万	十万	万	千	百	十	个

这个数读作（　　　　　　　　　　　　　　　　　），它是（　　　）位数，最高位是（　　　）位；从右往左数第一个"7"表示 7 个（　　　），第二个"7"表示 7 个（　　　），第三个"7"表示 7 个（　　　）。

（2）二亿五千三百三十八万三千九百三十八，写作（　　　　　　　　）。

（3）894376020 省略"亿"位后面的尾数约是（　　　）亿。

设计意图

题目以第七次人口普查作为素材，让学生在做练习的过程中，巩固大数的组成、读写、改写及近似数的求法，同时感受大数在实际生活中的广泛应用。

核心素养

数感

2. 连一连。

1025002	9002008	304000	88080808

一个 0 也不读	只读一个 0	读两个 0	三个 0 都要读

6060000	3030303	100000909	486000

3. 在○里填上">""<"或"="。

28906 ○ 28096　　9亿○ 1000000000　　256万○ 2560000

4. 35□495 ≈ 36万，□ 里可以填（　　　）；48□9632001 ≈ 48亿，□ 里可以填
（　　　）。

5. 请仔细观察前两幅图的写数规律，写出第三幅图所表示的数。

第一幅图：□□ ◎◎◎❋　　写作：203001000

第二幅图：□❋❋ ◎❋❋❋❋　写作：121203000

第三幅图：□□❋❋❋❋ ◎◎◎◎❋❋❋❋❋　写作（　　　　　　　　　）

作业 2 选择题

1. 银行工作人员通常将 100 张面值相同的钞票扎成一捆，现有 100 捆面值为 10 元的人民币，一共是（　　　）元。

A. 一千　　　B. 一万　　　C. 十万　　　D. 一百万

设计意图

题目以人民币为素材，让学生进一步巩固"十进制"计数的原理，同时感受大数在生活中的应用。

核心素养

数感　推理意识

2. 下面各语句中画线的数不属于近似数的是（　　　）。

A. 光从太阳到地球约需 <u>8</u> 分钟

B. 2021 年 12 月 5 日，在第 34 个国际志愿者日，北京冬奥组委面向全球发布北京 2022 年冬奥会和冬残奥会赛会志愿者招募公告，计划招募约 <u>2.7</u> 万名冬奥会赛会志愿者，约 <u>1.2</u> 万名冬残奥会赛会志愿者

C. 深圳梧桐山主峰的海拔约 <u>944</u> 米

D. 第 33 届夏季奥林匹克运动会在法国巴黎开幕，中国体育代表团由 <u>716</u> 人组成

设计意图

题目以自然科学、冬奥会等为素材，让学生在练习中感受数学与生活的密切联系，同时巩固近似数、准确数的概念。

核心素养

数感　应用意识

3. 表 3-14 是深圳市 2023 年上半年部分辖区的国民生产总值（简称 GDP）统计数据。

表 3-14

辖区	福田	罗湖	南山	盐田
GDP（元）	273186000000	140436000000	422291000000	41065000000

如果把这四个区的 GDP 数值从多到少进行排列，排在第 2 位的是（　　　）。

A. 福田　　　　B. 罗湖　　　　C. 南山　　　　D. 盐田

设计意图

题目以深圳市的国民生产总值为素材，让学生在练习中感受大数在生活中的广泛应用，同时巩固大数大小的比较方法。

核心素养

数感　　应用意识

设计思路

"认识更大的数"单元素养练习的设计基于生活中处处可见的大数现象，通过创设全国人口普查、自然科学、奥运会、节水、国民生产总值等情境中的大数问题，引导学生通过练习发展数感、提升推理意识、激发创新意识等能力，感受大数在生活实际中的应用；将我国传统文化工具中的算筹、算盘等作为命题素材，让学生在练习中发展数学素养的同时，感受我国人民的劳动智慧、传统文化的博大精深，从而增强文化自信。

进一步思考

1. 在报纸、杂志等媒体中收集一些有关大数的信息，并在全班进行交流。

2. 关于求一个数的近似数，除了用"四舍五入"法，你还知道哪些方法？请举例说明。

3. 生活中，你还见过哪些不同的进制？你还想了解更多不同的进制吗？查查资料吧！

评价标准和方式

评价标准

参考答案

✔ **作业 1**

1.（1）具体填法见表 3–15。

表 3–15

……	千亿	百亿	十亿	亿	千万	百万	十万	万	千	百	十	个
			1	4	1	1	7	7	8	7	2	4

十四亿一千一百七十七万八千七百二十四　十　十亿　百　万　十万

（2）253383938

（3）9

2.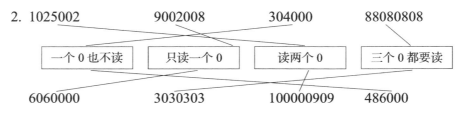

3. > < =

4. 5、6、7、8、9　0、1、2、3、4

5. 244105000

作业可以这样设计　小学数学

✔ 作业 2

1. C

2. D

3. A

评价方式

请在表 3-16 中对你在这次作业练习中的表现进行评价（把每项后面的☆涂上颜色，涂满 5 个为做得最好）。

表　3-16

教师评价	
评价内容	评价之星
1. 知道计数单位之间的关系	☆ ☆ ☆ ☆ ☆
2. 能准确读出、写出"万"以上的数	☆ ☆ ☆ ☆ ☆
3. 能正确比较"万"以上的数的大小	☆ ☆ ☆ ☆ ☆
4. 能用"万""亿"为单位表示大数	☆ ☆ ☆ ☆ ☆
5. 会求一个数的近似数	☆ ☆ ☆ ☆ ☆
综合评价	☆ ☆ ☆ ☆ ☆

［设计者：林永荣 / 深圳市福田区梅林小学］

"团结一心、共同进退"的被除数和除数

——商不变的规律

12

- 通过基础练习考查学生是否能正确理解商不变的规律，运用商不变的规律进行简便计算。
- 通过拓展练习考查学生是否能清楚表达商不变的规律，运用这个规律描述、解释实际问题，从而帮助学生初步形成应用意识，锻炼学生的数学表达能力、分析问题和解决问题的能力。

作业属性

作业类型

书面作业 ☑ 　　非书面作业 □ 　　课时作业 ☑ 　　单元作业 □

作业功能

课前预习 □ 　　课堂练习 □ 　　课后复习 ☑ 　　单元复习 □

适用学段

义务教育第二学段（3~4年级）

设计内容和思路

设计内容

基础练习

作业1　分糖果

"六一"儿童节时，鹏鹏在帮忙给组员分糖果。

1. 在分糖果前，鹏鹏口算了 $48 \div 6$ 的结果，与这个算式的商不相等的算式是（　　）。

A. $4800 \div 600$ 　　　　B. $（48 \times 18）\div（6 \times 18）$

C. $（48 \div 3）\div（6 \div 3）$ 　　D. $（48 + 100）\div（6 + 100）$

2. 鹏鹏想：如果糖果数量和人数同时扩大了 10 倍，则每人分到的糖果数量（　　）。

A. 也扩大 10 倍 　　　　B. 扩大 100 倍

C. 扩大 20 倍 　　　　　D. 不变

> **设计意图**
>
> 本作业从具体算式和语言表述两个方面，考查学生对商不变的规律的理解程度。每道题设置了 4 个选项，有 3 个为易错干扰项，这样的设计能更好地锻炼学生的审题能力和对商不变的规律的准确理解。
>
> **核心素养**
>
> 数感　运算能力　推理意识

作业2　知识竞答

在知识竞答比赛中，由姚博士出题，鹏鹏和甜甜进行抢答，来判断题目的正误。

第一回合：鹏鹏抢到了答题权。

 被除数和除数同时乘或除以相同的数，商不变。　　我觉得是（　　）。

第二回合：甜甜抢到了答题权。 第三回合：鹏鹏抢到了答题权。

$56 ÷ 8 = (56 × 9) ÷ (8 × 9)$。

被除数除以6，要使得
商不变，除数要乘6。

我觉得是
（　　）。

我觉得是
（　　）。

设计意图

本作业考查学生对知识学习中细节的把握，既锻炼了学生细心审题的能力，又巩固了学生对商不变的规律的准确理解。

核心素养

数感　运算能力　推理意识

作业3　竖式计算大闯关

第一关：ㅤㅤ	第二关：ㅤㅤ	第三关：ㅤㅤ
$280 ÷ 70 =$	$3500 ÷ 500 =$	$4800 ÷ 80 =$

能简便的要用
简便方法计算。

设计意图

本作业考查学生运用商不变的规律进行竖式简便计算的掌握情况。

核心素养

数感　运算能力

作业 4　我是小讲师

请找一个人（同学、家人、邻居等），跟他解释 350÷50 为什么可以像下面这样计算，并让他在下面的方框中对你的解释写一个等级评价：A. 非常清楚；B. 一般；C. 有待努力。如果你在解释的过程中有解释不清楚的地方，也请记录在方框中。

$$
\begin{array}{r}
7 \\
50\,\overline{)\,350} \\
35 \\
\hline
0
\end{array}
$$

设计意图

本作业既考查学生对商不变的规律在计算中的运用，又锻炼学生用数学语言表达的能力和与人交谈的能力。

核心素养

数感　运算能力

作业 5　分文具

1. 将 12 支铅笔平均分给 3 人，每人分到 4 支，根据商不变的规律，铅笔数量和总人数同时乘相同的数（0 除外），每人还是分到 4 支。

所以：12÷3=（12×___）÷（3×10）=（12×___）÷（3×100）=4

2. 将 72 块橡皮平均分给 24 人，每人分到 3 块，根据商不变的规律，橡皮数量和总人数同时除以相同的数（0 除外），每人还是分到 3 块。

所以：72÷24=（72÷3）÷（24÷___）=24÷___=3

3. 照样子再编一道题_____

_____

所以：64÷8=640÷____=____÷800=____

设计意图

本作业有一定难度，也很有"数学"味，主要考查学生对商不变的规律的进一步应用，锻炼学生的数学思维能力，培养学生对数学的兴趣。

核心素养

数感 运算能力 推理意识

作业6 我的收获

学习完本课的作业内容，你有哪些收获、困惑或者联想到了哪些新的数学问题，请用你喜欢的方式（画图、文字）表达出来。

设计意图

本作业是开放性较强的作业，没有标准答案，主要培养学生提出问题、自我学习的能力，让学生回顾这节课所学习的知识、记录在学习中遇到的问题。

核心素养

创新意识

设计思路

本课作业设计遵从注重巩固基本知识、作业形式多样化、设计分层作业以满足不同层次的学生等理念，通过基础练习和拓展练习，从易到难，巩固学生对商不变的规律的理解和应用，发展学生的数感、运算能力、推理能力、应用意识、创新意识，培养学生会用数学的眼光观察现实世界、会用数学的思维思考现实世界、会用数学的语言表达现实世界。

进一步思考

1. 老师们可以引导学生一起思考在生活中、大自然中，还有哪些情况、情境我们运用了商不变的规律？

2. 老师们可以设计出哪些能运用商不变规律的有趣的游戏？

3. 从这个规律出发，老师们能想到哪些与之相关的跨学科知识？

评价标准和方式

评价标准

根据"新课标"要求，在此份作业中，建议对学生的评价可以从以下几个方面进行：学生能准确理解商不变的规律；能清楚表达商不变的规律；能运用商不变的规律进行简便计算；能结合实际生活，尝试运用商不变的规律去描述、表达、分析、解释实际问题，形成初步的应用意识以及培养学生分析问题和解决问题的能力。

参考答案

✔ **作业1**

1. D   2. D

✔ **作业2**

第一回合：×   第二回合：√   第三回合：×

✔ **作业3**

竖式略。4   7   60（没有用商不变的规律的，算半对）

✔ **作业4**

答案略。根据商不变的规律进行解释，被除数和除数同时除以10，商不变，所

以 $350 \div 50 = 35 \div 5$。

✔ 作业 5

1. 10　100

2. 3　8

3. 编题答案不唯一。例如，将 64 位同学平均分成 8 组，每组 8 人，根据商不变的规律，总人数和组数同时乘 10，每组还是 8 人。

80　6400　8。

✔ 作业 6

无标准答案。学生可以写自己的收获、学习中的困惑，或者由本课作业知识联想到的新的数学问题。

评价方式

评价方式见表 3–17。

表　3–17

教师评价			
评价内容	优秀	良好	继续努力
1. 能准确理解商不变的规律			
2. 能清楚地表达出商不变的规律			
3. 能运用商不变的规律进行简便计算			
4. 能运用商不变的规律解释生活实际问题			
学生自评			
评价内容	优秀	良好	继续努力
1. 我能理解商不变的规律			
2. 我能准确表达出商不变的规律			
3. 我能运用商不变的规律进行简便计算			
4. 我能运用商不变的规律解释生活实际问题			
5. 我会主动想办法解决作业中遇到的问题			

备注：在合适的等级评价中打 "√"

［设计者：廖少亮／深圳市福田区南园小学］

图形与几何
——线与角、方向与位置

13

作业目标

- 学生围绕"线与角""方向与位置"两个单元中的重点和难点问题进行回顾、整理，深入理解并巩固平行与垂直的概念，理解、掌握角的分类、角的度量方法，能有序描述路线图。
- 通过基本题、变式题和综合应用题，学生逐步感受概念与方法的核心意义，在运用所学知识和方法解决问题的过程中，进一步理解、掌握、应用知识，提升解决问题的能力。
- 培养学生动手操作和推理能力，发展空间观念，促进学生思维发展。

作业属性

作业类型

书面作业 ☑   非书面作业 □   课时作业 □   单元作业 ☑

作业功能

课前预习 □   课堂练习 □   课后复习 ☑   单元复习 ☑

适用学段

义务教育第二学段（3~4年级）

设计内容和思路

设计内容

作业1　填空题

钟面上的9时整，时针和分针组成的角是（　　　）角；10时30分，时针和分针组成的角是（　　　）角；（　　　）时整，时针和分针组成的角是平角。

作业2　选择题

1. 用一个放大5倍的放大镜看一个30°的角，所看到的角是（　　　）。

　　A. 30°　　　　　　　　B. 35°　　　　　　　　C. 150°

2. 长方形相邻的两条边（　　　）。

　　A. 互相垂直　　　　B. 互相平行　　　　C. 无法确定

3. 如图3-35所示，利用∠1的度数可以估计∠2的度数，∠2的度数是（　　　）。

　　A. 15°　　　　　　　　B. 45°　　　　　　　　C. 75°

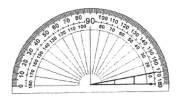

图　3-35

设计意图

　　贴近生活，凸显应用价值。我们的作业素材尽量来源于自然、社会和生活，如生活中常见的钟面、放大镜、有趣的滑滑梯、游泳运动等，学生在做作业过程中能够实践"会用数学的眼光观察现实世界"的要求。

核心素养

量感　空间观念　推理意识

作业 3　观察操作

1. 在图 3-36 中，以 O 为顶点，用量角器画一个 120° 的角，并标出角的度数。

图　3-36

2. 在图 3-37 中的方格纸上画一组平行线。

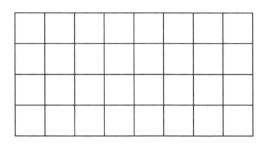

图　3-37

3. 田田在游泳池里游泳，现在他在 A 处，他想尽快游上岸，请你帮他设计一条最短的路线，在图 3-38 中画出来。

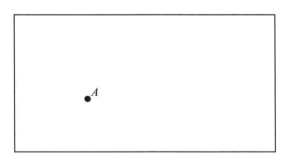

图　3-38

4. 在图 3-39 中填出小丽去奶奶家的路线图。

小丽从家出发，向（　　　）方向走 50m 到广场，再向东走（　　　）m 到医院，再向（　　　）方向走 35m 到公园，最后向（　　　）方向走 45m 到奶奶家。

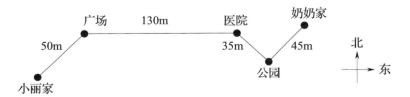

图　3-39

作业 4　解决问题

快乐的周末。星期日，田田和小鹏约好去少年宫玩，观察图 3-40，回答下面问题。

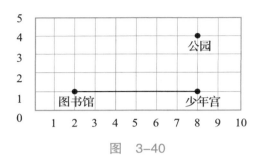

图　3-40

（1）公园的位置用数对表示是（8，4），少年宫的位置用数对表示是（　，　）。

（2）电影院的位置在（5，4），在图中用●标注出来。

※　（3）图书馆与少年宫相距 1200m，田田每分钟走 60m，从图书馆出发 15min 后，他走了多少米？大约在什么位置？（用▲在图中做标记）

※　（4）田田 9:30 从图书馆出发去少年宫，走完一半路程时是什么时间？

设计意图

注重实践，强调综合性。培养学生的综合素质能力，不仅包括学科内各知识的综合运用，还应强调跨学科整合来解决实际问题，真正体现数学的价值。作业 3 的第 3 题要求在现实情境中运用垂线的意义分析、比较，选择正确的方案，并作图表示；作业 4 是综合应用数对、乘除法、常见数量关系和时间等知识解决生活中的问题。

核心素养

空间观念　运算能力　应用意识　推理意识

作业 5　创意线与角

※ 请发挥想象力，在图 3-41 中接着往下画，并给你的作品起个名字，说明你的创意构想。

图 3-41

培养创新思维，体现发展性。作业 5 只给定一个直角，学生在此基础上创意作画，数学与艺术结合，充分发挥学生的想象力，培养创新意识。

核心素养

空间观念　创新意识

设计思路

作业是课堂教学的延伸，作业布置既要达到巩固、检验、诊断教学效果的目的，又要培养学生数学核心素养，促进其思维发展。要实现这一目标，作业设计应当做到：关注生活，凸显人文性；注重实践，强调综合性；培养创新思维，体现发展性。

本次作业设计时，我们充分考虑到复习课后作业的实际要求，选取了不同的题型，丰富了学生的作业体验。同时，从认知能力层次和 SOLO 思维层次合理搭配作业，调控作业难度；分层设置作业（※ 号题为选做题），以满足不同能力水平学生的发展需求。

进一步思考

老师们还可以引导学生探索在球面或凹面上画一个三角形，再测量它的三个内角，其内角和与我们以前学的内角和一样吗？

评价标准和方式

评价标准

参考答案

✔ **作业1**

直　钝　6

✔ **作业2**

1. A　2. A　3. B

✔ **作业3**

1. 图略　2. 图略

3. 具体画法如图 3–42 所示。

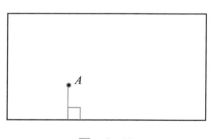

图　3–42

4. 东北　130　东南　东北

✔ **作业4**

（1）8　1　（2）图略

（3）15 × 60 = 900（m）　图略

答：略。

（4）1200 ÷ 2 ÷ 60 = 10（min）

9 时 30 分 +10 分 = 9 时 40 分

答：走完一半路程时是 9:40。

✔ **作业 5**

此题无唯一答案，学生能利用直角发挥想象补充完成并起名即可。

评价方式

评价方式见表 3–18。

表 3–18

教师评价			
评价内容	优秀	良好	继续努力
1.能知道时针和分针移动的规律			
2.能判断锐角、直角和钝角			
3.能知道如何测量角度和如何画角			
4.能知道线与线之间的位置关系			
5.能辨认方位和描述方位			
6.能解决综合问题			
综合评价			

备注：在合适的等级评价中打"√"

[设计者：吴雪琪 / 深圳市福田区园岭教育集团园岭实验小学]

生活中的数学小探究
——小数的意义和加减法

作业目标

- 理解小数的意义，会进行十进制分数与小数的互化，能比较小数的大小。
- 结合小数的意义，经历探索小数加减法计算方法的过程，能正确进行小数加减运算及混合运算，发展运算能力和推理意识，并能结合具体情境对计算结果进行估计，发展数感。
- 能运用小数加减运算知识解决生活中的实际问题，体会小数与日常生活的联系。

作业属性

作业类型

书面作业 □　　　非书面作业 □　　　课时作业 ☑　　　单元作业 ☑

作业功能

课前预习 ☑　　　课堂练习 □　　　课后复习 □　　　单元复习 ☑

适用学段

义务教育第二学段（3~4年级）

设计内容

大单元探究作业

大单元探究任务让学生借助直观模型探究小数点的作用，理解一个数量可以写成不同的形式取决于我们选择什么单位量来度量总量，以及单位量变化后数量本身大小不变的事实。

任务1

"小数的意义和加减法"大单元探究任务，如图3-43所示。

"小数的意义和加减法"大单元探究任务

	小数的意义			
我的整理	生活中的小数 请列举出生活中使用的小数：	数形结合 试着画图，表示下列小数，并说一说你的理解。		拓展数位顺序表
	1. 把1元平均分成10份，其中的1份用分数表示是（　）元，用小数表示是（　）元，其中的5份用分数（　）表示，用小数（　）表示。 2. 把1元平均分成100份，其中的1份用分数表示是（　）元，用小数表示是（　）元，其中的55份用分数（　）表示，用小数（　）表示。 3. 1.11表示（　）元（　）角（　）分。 思考：如果用小数表示长度、质量，你能解释它们的意思吗？请举例。	0.1　0.03　1.3		<table><tr><td></td><td colspan="5">整数部分</td><td>小数点</td><td colspan="2">小数部分</td></tr><tr><td>数位</td><td>……</td><td>万位</td><td>千位</td><td>百位</td><td>十位</td><td>个位</td><td></td><td></td><td>……</td></tr><tr><td>计数单位</td><td>……</td><td>万</td><td>千</td><td>百</td><td>十</td><td>一（个）</td><td></td><td></td><td>……</td></tr></table> 思考：小数的计数单位也是"满十进一"吗？请用你喜欢的方式说明。
我的理解	请在下列每个数线图上标出0.001，并把你的思考过程写下来。 0 ——————— 0.01 0 ——————— 0.1 0 ——————— 1.0	我的思考：		
	请在下列数线图中标出82.415和82.451，并说一说你这样标记的理由。 82.4 82.41 82.42 82.43 82.44 82.45 82.46 82.47 82.48 82.49 82.5	我的思考：		

图　3-43

小数的运算						
我的理解	小数的大小比较		小数的加减法			
	0.73m ◯ 0.9m 请把你的比较方法写出来：	3.13m 1.25m 4.05m （　）>（　）>（　） 请把你的比较方法写出来：	不进位加法	不退位减法	进位加法	退位减法
			举例：	举例：	举例：	举例：
			竖式：	竖式：	竖式：	竖式：
我的发现	通过探究，我的发现：					
我的疑问	通过探究，我的疑问：					

自我评价：☆☆☆☆☆　　家长评价：☆☆☆☆☆　　同伴评价：☆☆☆☆☆　　老师评价：☆☆☆☆☆
把每项后面的☆涂上颜色，涂满 5 个为做得最好。

图　3-43（续）

设计意图

1.通过小数的主题情境和预习的学习任务，丰富学生数学学习的形式，锻炼学生的数学思维能力。

2.通过探究，学生能够理解十进制位值可以分别向两个方向无限延伸到非常小和非常大的值。理解任何两个相邻的位值之间的进率都是十，以及小数是根据十进制位值原则表示分数的一种方法。

3.探索小数大小比较方法，培养学生的推理意识和解决问题的能力。

4.探索小数加减法的计算方法，提高学生的运算能力。

核心素养

运算能力　几何直观　数感　创新意识　推理意识

实践作业

实践作业让学生了解日常生活与数学之间的联系，愿意动手实践参与数学学习活动，让学生有意识地使用真实数据表达、解释与分析现实世界，从而突破作业设计文本性强、纸笔为主和过分强调"双基"巩固的局限。

任务 2

我的成长档案实践作业，如图 3-44 所示。

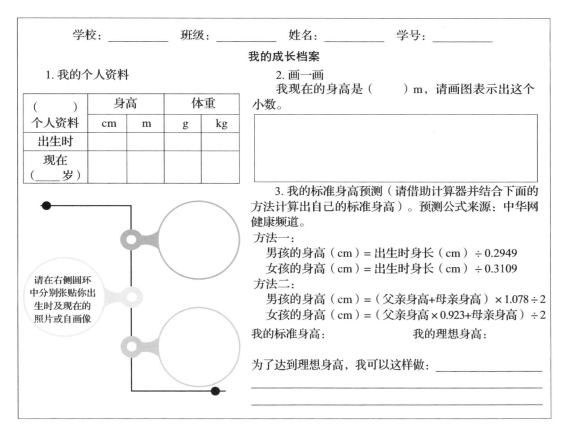

图　3-44

设计意图

1.探索小数与日常生活的联系，体会把较小的度量单位转化为较大的度量单位是产生小数的现实背景。

2.借助直观图或现实背景进一步理解小数的意义。

核心素养

运算能力　几何直观　创新意识　推理意识

任务 3

生活中的小数实践作业，如图 3-45 所示。

生活中的小数——学以致用实践任务单

任务开始时间：＿＿＿＿＿＿

		测量物体名称	测量结果（cm）	用"m"作单位
学以致用		数学书封面	长	
			宽	

1. 你是怎样把这两个数据改写成用"m"作单位的数的？把你的想法画出来。

2. 改成用"m"作单位的数后，它们的长度变了吗？

我的想法是：＿＿＿＿＿＿＿＿＿＿＿＿＿＿＿＿＿＿＿＿＿

称重物体名称	测量结果（kg）	用"g"作单位
书包的质量（装满书称重）		

3. 你是怎样把这个数改写成用"g"作单位的数的？把你的思考过程写出来。

问题银行	在完成任务的过程中，我的疑问：

思考进阶	1. 鹏鹏完成这项任务用了0.3h，用"分"作单位是（　　　）min。 2. 我完成这项任务用了（　　　）min，用"时"作单位是（　　　）h。

任务结束时间：＿＿＿＿＿＿

自我评价：☆☆☆☆☆　家长评价：☆☆☆☆☆　同伴评价：☆☆☆☆☆　老师评价：☆☆☆☆☆

把每项后面的☆涂上颜色，涂满 5 个为做得最好。

图　3-45

设计意图

1. 从解决实际问题入手，结合现实背景，通过进行长度和质量单位的换算，进一步加深对小数意义的理解。

2. 结合直观模型，让学生体会单位的不同导致度量结果用不同的数表示——单位越小，度量结果越精确。

3.在丰富的现实情境中，学生通过练习单位换算，体会小数与分数（十进制分数）之间转换的关系。

核心素养

运算能力　应用意识　推理意识

任务 4

票据中的学问实践作业，如图 3-46 所示。

实践活动：票据中的学问

问题：你知道票据中隐含着什么数学知识吗？

活动准备：

超市购物小票至少2张，活动记录单1张。

活动过程：

我们去超市买东西付钱后，售货员会给你打印一张购物小票，你知道购物小票有什么作用吗？购物小票中隐含着什么数学信息呢？

小票（张贴小票）	你发现了什么？

尝试说出票据中各数的意义并列出所有隐藏的算式。

还有哪些问题？记录你的疑问。

自我评价：☆☆☆☆☆　家长评价：☆☆☆☆☆　同伴评价：☆☆☆☆☆　老师评价：☆☆☆☆☆
把每项后面的☆涂上颜色，涂满 5 个为做得最好。

图　3-46

设计意图

1.将小数的意义和加减法的知识整合在问题中，综合运用所学过的知识解决问题。

2.在丰富的现实情境中，练习小数加减法。

核心素养

运算能力　应用意识　推理意识　创新意识

设计思路

　　本单元作业设计紧密围绕数学核心素养的发展、"新课标"的具体要求以及学生当前的认知发展水平进行整体规划。作业设计旨在帮助学生能理解小数的意义和加减法的算法规则，并通过解决实际问题，让学生亲身体验学习数学的价值及其在现实生活中的应用，从而激发学生对数学学习的兴趣和动力。

进一步思考

　　老师们还可以设计哪些关于小数的意义和加减法的实践任务呢？试一试吧！

评价方式

　　注重发挥评价的作用。既要关注结果性评价，更要重视过程性评价；既要关注学生的"四基""四能"，更要特别关注核心素养的相应表现。对照小数主题活动的培养目标确定星级评价方式，从学生对相关知识内容的理解、掌握和作业完成程度，到他们在学习活动中的操作、思考、交流、创意等方面的表现情况，都应纳入评价范围。通过结合星级评价的方式，评估学生核心素养的形成和发展。

作业星级评价如图 3-47 所示。

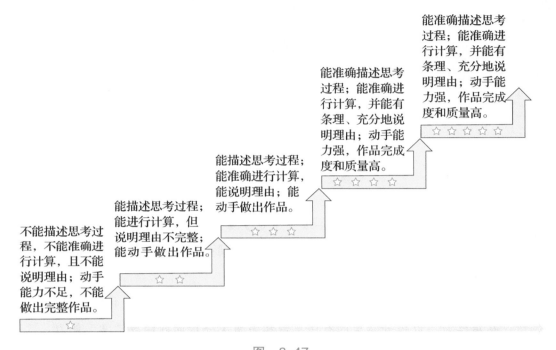

图 3-47

[设计者：李国瑛 / 深圳市福田区红岭实验小学]

图形的乐园
——认识三角形和四边形

作业目标

- 梳理北师大版《数学 四年级 下册》第二单元"认识三角形和四边形"的知识点，通过题组练习，使学生对三角形、四边形的概念特征有系统性的深入理解。
- 围绕三角形的内角和、三边关系展开深入地探究，在多样化的练习中进行拓展学习，以提升学生的有序思考和多角度分析问题的数学学习能力。
- 体会图形间的转换关系，寻求规律，构建数学模型，加强空间观念等。
- 力争使学生在练中悟、练中得，创设良好的温故知新的学习契机。

作业属性

作业类型 ✎

书面作业 ☑   非书面作业 □   课时作业 □   单元作业 □

作业功能 ✎

课前预习 □   课堂练习 □   课后复习 ☑   单元复习 ☑

适用学段 ✎

义务教育第二学段（3~4年级）

设计内容和思路

设计内容

基础练习

作业1 信息卡

1. 请根据提供的信息写出对应图形的名称。

它是一个封闭的平面图形； 有三个角； 两个内角都是 45°。	不具有稳定性； 有四条边、没有直角； 两组对边分别平行。	可以密铺； 有四条边、有直角； 只有一组对边平行。
⬇	⬇	⬇
(　　　)	(　　　)	(　　　)

设计意图

随着信息的逐条阅读，学生的思考逐渐深入，既提高了学生的判断、辨析与推理等诸多的学习能力，也渗透了数学中的逼近思想。

核心素养

空间观念　推理意识　应用意识

2. 请结合所给图形的特征修改下面的错误信息。

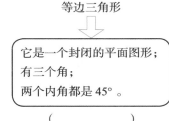
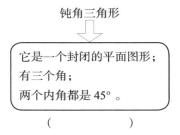

等边三角形

它是一个封闭的平面图形；
有三个角；
两个内角都是 45°。

(　　　)

钝角三角形

它是一个封闭的平面图形；
有三个角；
两个内角都是 45°。

(　　　)

设计意图

此作业设计了逆向思考的环节——修改信息卡。通过修改信息卡中的错误信息，可以加深学生对三角形和四边形的概念的理解。

核心素养

空间观念　推理意识　应用意识

作业2 竞答区

1. 想一想，图 3-48 中每个图形分别是什么三角形？说明理由。

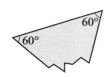 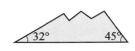

图 3-48

> **设计意图**
>
> 根据三角形的内角和来计算第三个角的大小，随之再判断其是什么样的三角形，从而提升学生的综合应用能力。
>
> **核心素养**
>
> 运算能力　几何直观　推理意识

2. 拼一拼：用图 3-49 中的图形可以拼出哪些图形？

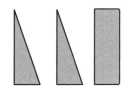

图 3-49

> **设计意图**
>
> 此作业目的是让学生体会不同图形间的转换关系及内在联系，进而发展他们的空间观念。
>
> **核心素养**
>
> 几何直观　应用意识　创新意识

3. 数一数：图 3-50 中有多少个不同的三角形？

图中有（　　　）三角形；

图中有（　　　）直角三角形；

图中有（　　　）锐角三角形；

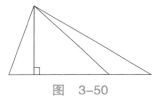

图 3-50

图中有（　　）钝角三角形。

作业3　趣味园

1.小蚂蚁的爬行速度为 5m/min，如图 3-51 所示，它从 A 点出发按顺时针方向沿下面等边三角形边线爬行 21min，等边三角形的边长为 25m。小蚂蚁大概爬到的位置在线段（　　）上，离（　　）点最近。

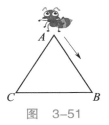

图　3-51

2.将图 3-52 的长方形剪去一个角，剩余图形的内角和可能是多少？

图　3-52

第三篇　用中学

293

3. 如图 3–53 所示，如果最大正方形的面积是 24m²，那么最小正方形的面积是多少？

图　3–53

设计意图

此作业旨在提升学生的观察、判断和推理能力，同时让学生理解图形间部分与整体的关系，以寻找解决问题的巧妙方法。

核心素养

运算能力　空间观念　推理意识

拓展练习

作业 4　手工坊

按要求围一围。

（1）4 根同样长的小棒可以围成一个三角形吗？5 根呢？

设计意图

在此作业中，设计了若干个问题串，难度由浅入深。学生通过动手操作来完成练习任务，逐步引导学生进行深度思考。

核心素养

几何直观　推理意识　应用意识

（2）用 18 根同样长的小棒围成一个等腰三角形，有几种不同的围法？请记录下来。

设计意图

你能想出几种不同的围法？鼓励学生探索并记录不同的围法，从而培养学生的有序思考和多角度分析问题的数学学习能力。

核心素养

几何直观　推理意识　应用意识

（3）用 18 根同样长的小棒能围成几个这样的 △？你想到了用什么方法围？最少能围（　　）个 △？最多能围（　　）个 △？

如果这样围 △▽△▽ ……可以围（　　）个。

继续深挖。如果围等边三角形，最多围几个，最少围几个？鼓励学生自由发挥想象，可以不共用边，也可以共用边。随后聚焦在如果使用共用边的方法，这将有助于学生进行多角度思考、寻找规律，并为构建数学模型打下基础。

核心素养

几何直观　推理意识　创新意识

（4）照这样 □□□□ ……的围法，围成 8 个 □ 需要几根小棒？围 n 个 □ 呢？

（5）照这样 ⬠⬠⬠ ……的围法，围成 8 个 ⬠ 需要几根小棒？围 n 个 ⬠ 呢？

设计意图

拓展提升，是在掌握利用共用边摆三角形的规律后的延续探究。按照这样的思路，围成若干个四边形或五边形各需要多少根小棒。通过这一过程，学生可以总结规律，并构建数学模型。

核心素养

几何直观　推理意识　模型意识

设计思路

课标要求

能结合图形的概念特征进行灵活的实际应用，在解决问题中提升学生的数学核心素养，形成几何直观、提升空间观念、建立模型意识等。

学生学情

"认识三角形和四边形"单元复习作业设计是在学生了解了三角形和四边形的基本特征之后的单元综合应用练习，是一项题组训练。在题组群中以游戏板块的形式对所掌握的知识加以梳理应答，通过猜答、数画、围拼等多种操作方式，让学生体会图形间的转换关系，提升学生的有序思考、多角度分析问题的数学学习能力，在寻求规律中，构建数学模型，加强空间观念等，进而达成深度学习的目标。

进一步思考

老师们还可以继续引导学生探究除三角形和四边形以外的其他图形，根据图形的特征和存在的变化规律，发掘图形的奥秘。让我们一起探索更多的图形，如组合图形、立体图形等，图形乐园的精彩会继续！

评价方式

评价方式见表3–19。

表 3–19

学生自评	
评价内容	评价填写（打"√"或"×"）
1. 能理解和准确运用三角形和四边形的特征	
2. 能正确解决三角形和四边形的实际问题	
3. 能主动解决完成作业过程中遇到的问题	
4. 这次作业，请给自己一个综合评价	优秀 □ 良好 □ 需要努力 □

教师评价			
评价内容	优秀	良好	继续努力
1. 能理解和准确运用三角形和四边形的特征			
2. 能解决三角形和四边形的实际问题			
综合评价			

备注：在合适的等级评价中打"√"

［设计者：范静 / 深圳市福田区荔园小学（荔园教育集团）百花校区］

阳光种植设计师
——梯形的面积

作业目标

- 寻找生活中的梯形，感受数学与生活的联系。
- 理解梯形面积公式，能掌握计算方法。
- 运用转化的思想，用多种方法探索梯形的面积公式，发展空间观念和推理能力。

作业属性

作业类型 ✎

书面作业 ☑　　　非书面作业 □　　　课时作业 ☑　　　单元作业 □

作业功能 ✎

课前预习 □　　　课堂练习 □　　　课后复习 ☑　　　单元复习 □

适用学段 ✎

义务教育第三学段（5~6 年级）

设计内容和思路

设计内容

作业1

画一画，写一写。你在生活中哪些地方见过梯形？部分学生作品如图 3-54 所示。

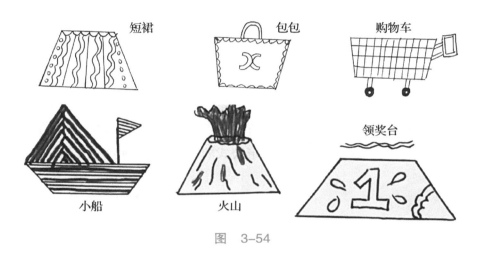

图 3-54

设计意图

学生通过寻找生活中的梯形，加深对梯形的认识；融入美术学科，培养学生跨学科学习的意识；了解数学在生活中的应用，感受数学与生活的联系。

核心素养

空间观念

作业2

1.画一画。学校准备在"阳光种植园"新建一块占地面积比 $15m^2$ 大比 $20m^2$ 小的梯形菜地。请你在图 3-55 的方格图中设计出这个菜地，并计算面积。（每一小格边长为 1m）

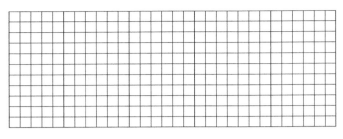

图 3-55

菜地面积：

2. 写一写。五（1）班分配到一块梯形小菜地，如图 3-56 所示，同学们想在菜地里种香瓜，种植之前，需要先计算出菜地面积。可甜甜不记得如何计算梯形面积了，她是用图中标注的这种方法得到梯形公式的，你能看懂吗？

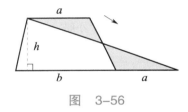

图 3-56

学生作业如图 3-57 所示。

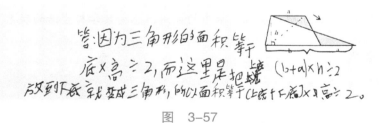

图 3-57

3. 试一试。你还有别的方法得到梯形的面积公式吗？试着画一画，写一写吧！

学生作业如图 3-58 所示。

图 3-58

设计意图

在设计菜地的过程中，理解、掌握梯形的面积计算方法，延伸教材"转化"的思想，让学生创造新方法。

核心素养

运算能力　空间观念　应用意识

设计思路

以设计"阳光种植园"为契机，通过让学生设计梯形菜地、计算梯形面积、梯形面积推导过程的理解三个逐层递进的差异性作业，既能让学生掌握梯形面积的计算，又能让学有余力的学生进一步拓展梯形的推导过程。作业没有标准答案，开放性强，设计分层，尊重学生的差异，他们的关键能力和核心素养得到提升和成长，使学习充满了生机。

进一步思考

老师们可以通过设计菜地面积，考查学生对三角形、平行四边形等多边形面积的计算方法的掌握情况，也可以综合运用，设计出单元复习作业。

评价标准和方式

评价标准

基于"新课标"学业质量描述和评价相关要求，这份作业要求学生能认识梯形，计算梯形的面积，形成空间观念；能从数学与生活情境中，初步形成会用数学的眼光观察现实世界，尝试、探索、发现并解决问题，形成初步的模型意识和应用意识。

评价方式

评价方式见表 3-20。

表 3-20

评价内容	评价标准	自我评价	组员评价	教师评价
作业 1	每画或写出一种得 1 颗 "★"			
作业 2	1. 第 1 题中每画出一个梯形得 1 颗 "★"			
	2. 第 2 题中每计算出一个梯形面积得 1 颗 "★"			
	3. 第 3 题中每写出一种方法得 2 颗 "★"			

〔设计者：周玲 / 深圳市福田区红岭教育集团华富实验学校〕

牛奶盒设计师
——分数除法单元作业

17

作业目标

- 在具体情境中，探索并理解分数除法的意义。
- 探索分数除法的计算方法，并能正确计算。
- 能利用方程解决有关分数除法的实际问题，体会数学与生活的密切联系。

作业属性

作业类型

书面作业 ☑   非书面作业 □   课时作业 □   单元作业 ☑

作业功能

课前预习 □   课堂练习 □   课后复习 □   单元复习 ☑

适用学段

义务教育第三学段（5~6年级）

设计内容和思路

设计内容

作业 1

某牛奶品牌现售大盒装牛奶，每盒 $\frac{5}{2}$ L，现要满足小学生午餐需要，提出了 A、B 两种牛奶包装改进方案。

　　方案 A：把 1 大盒装牛奶平均分成 5 小盒进行销售。

　　方案 B：把 1 大盒装牛奶分为每小盒 $\frac{1}{4}$ L 进行销售。

　　问：（1）假如你是一名牛奶盒设计师，你认为哪种方案更好呢？

　　　　（2）理由是什么？

> **设计意图**
>
> 1. 方案 A：平均分→分数除以整数。
>
> 2. 方案 B：包含除→分数除以分数。
>
> 3. 结合为小学生准备午餐这一实际情境，选出更好的方案。
>
> **核心素养**
>
> 运算能力　推理能力

作业 2

智慧的设计师经过一番调查，意外获取了该牛奶品牌的包装方案 C，但大家纷纷质疑这个设计方案不合理。

　　方案 C：$\frac{2}{5}$ L 牛奶需要 $\frac{3}{5}$ 个盒子。

　　问：（1）每个盒子究竟能装多少牛奶呢？（画图解释）

　　　　（2）你能调整方案 C 的表达方式，让它看起来更合理么？

> **设计意图**
>
> 1. 方案 C：突破重难点→除以一个不为零的数等于乘这个数的倒数。
>
> 2. 调整方案 C：整数表达（商不变的规律）→2L 牛奶需要 3 个盒子。
>
> **核心素养**
>
> 应用意识

作业 3

经过设计师的精心研究，该牛奶品牌终于推出了小盒牛奶包装的新方案，结果大受欢迎。

新方案：新包装每小盒牛奶的净利润是 0.15 元，

　　　　　新包装每小盒牛奶是原来每大盒牛奶净利润的 $\dfrac{3}{10}$。

问：（1）原来每大盒牛奶的利润是多少元？（用方程解决）

　　（2）新方案会更赚钱吗？

设计意图

1. 新方案：分数除法的应用→用方程解决实际问题（解方程过程中需要用到分数除法知识）。

2. 除了要考虑每小盒牛奶容量的合理性，同时也要考虑小盒牛奶利润优势，这才是完善的设计。

核心素养

运算能力　推理意识　应用意识

设计思路

提出"改进小学生午餐牛奶包装盒"任务→对比方案 A、B 满足任务要求→分析方案 C 面对质疑挑战→探索新方案解决实际问题。

进一步思考

"新鲜屋"是最常见的牛奶包装，它最早是由美国玩具商 John R. Van Wormer 于 1915 年发明的。他用纸板多次折叠实验，设计出长方体的牛奶盒，顶部"小山"的设计是为打开一角更方便倒出牛奶，如图 3-59 所示。假如你是一名牛奶盒设计师，除了牛奶盒容量和利润成本，你还有哪些需要考虑的数学问题呢？

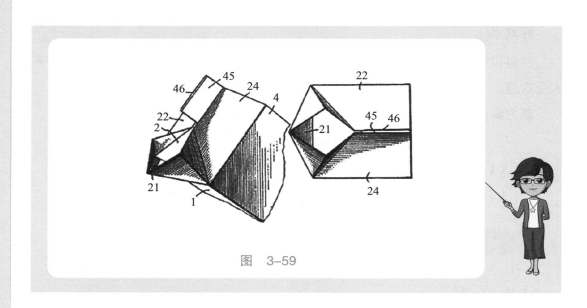

图 3-59

评价方式

请在表 3-21 中对你在这次作业中的表现进行评价（把每项后面的☆涂上颜色，涂满 5 个为做得最好）。

表 3-21

学生自评		
作业	评价标准	评价之星
1	1.完成分数除法运算	☆☆☆☆☆
	2.能根据实际情况，通过推理，选择最佳方案	☆☆☆☆☆
2	1.理解"除以一个不为零的数等于乘这个数的倒数"这一重难点，并可以用"几何直观"表示这一过程	☆☆☆☆☆
	2.能正确给出方案 C 的整数表达形式，并能利用"商不变规律"进行解释	☆☆☆☆☆
3	1.运用方程来解决实际问题	☆☆☆☆☆
	2.能结合利润考量、验证新方案的合理性	☆☆☆☆☆

［设计者：周轶/深圳市福田区福南小学］

去北京看故宫
——分数除法单元作业

作业目标

- 在具体情境中，通过画图操作，进一步理解分数除法的意义。
- 会利用分数除法的计算法则进行正确计算。
- 能利用方程解决有关分数除法的实际问题，体会数学与生活的密切联系。
- 培养认真勤奋、独立思考、勇于质疑与合作交流的学习品质。

作业属性

作业类型

书面作业 ☑ 非书面作业 ☐ 课时作业 ☐ 单元作业 ☑

作业功能

课前预习 ☐ 课堂练习 ☐ 课后复习 ☐ 单元复习 ☑

适用学段

义务教育第三学段（5~6年级）

设计内容和思路

设计内容

亲爱的同学，你喜欢旅行吗？你去过故宫吗？

> **故宫知识小贴士**
> 故宫博物院（简称故宫）是我国明清两代的皇家宫殿，是世界上现存规模最大、保存最为完整的木质结构古建筑之一，被列为世界文化遗产。

作业 1　数形结合启思维

1. 淘气从家去机场，坐地铁要用 $\frac{5}{6}$ h，是开车所用时间的 2 倍，开车去机场要用多长时间？请你在图 3-60 中画一画、算一算。

图　3-60

2. 故宫以三大殿为中心，建筑面积约 15 万 m²，有大小宫殿 70 多座，房屋 9000 余间。故宫的建筑面积是占地面积的 $\frac{5}{24}$，如图 3-61 所示，故宫占地面积约是多少万平方米？

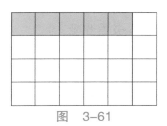

图　3-61

> **设计意图**
> 本作业引导学生借助直观模型，通过动手操作、数形结合等探索解决问题的方法，进一步理解分数除以整数、整数除以分数的意义，巩固分数除法的基本方法，积累分析、解决问题的经验。

几何直观　运算能力　应用意识

作业 2　关联知识明算理

故宫每年 11 月 1 日—次年 3 月 31 日（淡季）

开馆时间：8:30—16:30

由于游客众多，为避免拥堵，
采取分时段入馆参观。

1. 每 2h 为一个入馆参观时段，全天可分成几个时段？

   每 $\frac{1}{2}$ h 为一个入馆参观时段，全天可分成几个时段？

   每 $\frac{1}{4}$ h 为一个入馆参观时段，全天可分成几个时段？

2. 请结合情境解释 $a \div b = a \times \dfrac{1}{b}$（$b \neq 0$）。

3. 已知 a 和 b 互为倒数（a 和 b 均不为 0），则 $\dfrac{a}{2} \div \dfrac{2}{b} = ($ 　　　$)$。

   A. $\dfrac{a}{b}$ 　　　　B. $\dfrac{b}{a}$ 　　　　C. 4 　　　　D. $\dfrac{1}{4}$

设计意图

　　本作业通过创设生活情境，引导学生进一步理解分数除法的意义和算理；厘清一般方法的本质，除以一个数可以看作是乘这个数的倒数；感悟整数除法、分数除法运算的一致性，体会分数除法与分数乘法及倒数的内在联系。

核心素养

运算能力　推理意识　符号意识

作业 3　构建模型解问题

1. 你知道我国最南端到最北端的距离吗？深圳到北京的距离大约是 2200km，大约是我国最南端到最北端长度的 $\dfrac{2}{5}$，我国最南端到最北端的距离约是多少千米？

（用你喜欢的方法解决问题。）

我国最南端和最北端地理知识小贴士

我国幅员辽阔、南北跨纬度 49° 15′，最南端是南沙群岛的曾母暗沙南侧，最北端是黑龙江省漠河地区黑龙江主航道中心线。

2. 故宫计划展出一批文物，第一天展出了这批文物的 $\frac{2}{5}$，第二天展出了这批文物的 $\frac{1}{3}$，第二天比第一天少展出了 20 件文物。这批文物一共有多少件?

设计意图

本作业从学科融合的视角进行设计，打破学科界限，通过学科间的横跨整合，聚焦真实问题的解决，实现数学与其他学科及实际生活的有机融合，引导学生根据具体问题中的数量关系，列出方程，建立模型，解决问题，发展核心素养。

核心素养

模型意识　运算能力　应用意识

设计思路

根据"新课标"的要求，数的运算教学注重对整数、小数和分数四则运算的统筹，让学生进一步感悟运算的一致性。从整体上理解和掌握运算的算理和算法，认识计算方法的共性与差异，提升学生的运算能力和推理意识。分数除法是小学阶段"数与运算"主题的关键内容之一，本单元学习的分数除法和前面学习的很多知识有比较直接的联系，学生已有丰富的学习经验，这些知识积累为学习分数除法打下了重要基础。

从作业设计的趣味性、整体性、思维性、应用性思考。

①立足大单元，创设大情境。通过创设贴近学生生活的主题情境，多个相关联的任务集中在一个主题下，引领学生在问题解决的过程中综合运用已有的数学经

验，在真实情境中解决"真问题"，学以致用，发展核心素养。

②整体设计，体现关联与递进。把分数除法的内容置于乘除法整体的知识体系中，注重知识的结构和体系，处理好局部知识与单元整体知识之间的关系，引导学生感受数学知识的整体性，体现数学知识之间的关联性和递进性。

③面向学生，注重思维过程。聚焦分数除法的难点，有针对性地，借助几何直观和面积模型设计适当的题组，使学生思维过程"可视化"，引领学生知晓算法、通透算理，夯实技能。

④学以致用，落实数学素养。创设与生活实际紧密相连的问题情境，多个相关联的任务集中在一个主题下，引领学生在问题解决的过程中综合运用已有的数学经验，发展核心素养。

进一步思考

　　老师们还可以开展一些关于故宫的小调查活动，如故宫的历史文化、建筑知识以及故宫中应用了哪些数学及其他学科知识等。

评价标准和方式

评价标准

①运用分数除法的知识正确画图、列式计算解决去机场开车用时，故宫占地面积、开放时段、展览文物等实际问题。

②在解决问题过程中，了解中国地理知识，正确计算我国最南端到最北端的实际距离，增强民族自豪感和文化自信。

参考答案

✔ **作业 1**

1. 画图略 $\dfrac{5}{6} \div 2 = \dfrac{5}{12}$（h）

2. $15 \div \dfrac{5}{24} = 72$（万 m^2）

✔ **作业 2**

1. $8 \div 2 = 4$（个）

   $8 \div \dfrac{1}{2} = 16$（个）

   $8 \div \dfrac{1}{4} = 32$（个）

2. 略

3. D

✔ **作业 3**

1. $2200 \div \dfrac{2}{5} = 5500$（km）

   或 $\dfrac{2}{5}x = 2200$　$x = 5500$

2. $20 \div \left(\dfrac{2}{5} - \dfrac{1}{3} \right) = 300$（件）

   或 $\left(\dfrac{2}{5} - \dfrac{1}{3} \right)x = 20$　$x = 300$

评价方式

　　既关注结果性评价，又重视过程性评价。从学生对相关知识内容的理解、掌握和作业完成情况，到他们在学习活动中操作、思考、交流、创意等方面的表现情况，都应纳入评价范围。采用描述性评价和等级评价相结合的方式，全面评估学生核心素养的形成和发展。

　　请在表 3-22 中对你在这次作业中的表现进行评价（把每项后面的☆涂上颜色，涂满 5 个为做得最好）。

表　3-22

学生自评		
评价目标	评价内容	评价之星
考查学生在学习过程和情感态度方面有哪些收获，记录自己的收获与感受，养成好的学习品质	1. 能够清晰地分析自己解决问题的思路	☆ ☆ ☆ ☆ ☆
	2. 小组交流中能够发表自己的观点	☆ ☆ ☆ ☆ ☆
	3. 从同学的分享中学会更多的方法	☆ ☆ ☆ ☆ ☆
	4. 知道各种方法之间的联系	☆ ☆ ☆ ☆ ☆
教师评价		
评价目标	评价内容	评价等级
诊断学生对分数除法算理和算法的理解	1. 能否准确进行计算，给出正确答案 2. 是否有完整的计算过程，并能有条理、充分地说明理由 3. 作业完成度和作业质量	"优"□：能准确进行计算，给出正确答案，有完整的计算过程，并能有条理、充分地说明理由；作业完成度和质量高 "良"□：能准确进行计算，给出正确答案，有完整的计算过程，说明理由表述不够充分；作业完成度和质量较高 "合格"□：能准确进行计算，有部分计算过程，但说明理由不完整；能够正确完成大部分作业内容 "不合格"□：不能准确进行计算，基本没有计算过程，且不能说明理由；能够正确完成少部分或不能完成作业内容

备注：在合适的等级评价中打"√"

[设计者：高紫微 / 深圳市福田区外国语学校福保校区]

欢乐自助餐
——多边形的面积

作业目标

- 学习"多边形的面积"这一单元后，在"欢乐自助餐"中选择感兴趣的作业进行挑战，可以根据自己的学习情况选择不同的作业，激发完成作业的兴趣。

- 通过图形面积公式的推导整理作业，整理归纳本单元的主要内容和思想方法，发展数学抽象、逻辑推理、直观想象等数学核心素养。

- 在测量生活中物体的表面积作业活动中，进一步巩固面积公式的计算，体会数学的应用价值，提高数学的应用意识，发展"量感"。

- 在探索正多边形的面积作业活动中，运用转化的思想方法，将未知转化为已知，采用开放式答案，倡导学生用不同的方式解决问题，培养发散思维、独立思考的能力和勇于探究的学习品质。

- 通过开放性的非书面作业，引导学生学会用数学的眼光观察现实世界、会用数学思维思考现实世界、会用数学的语言表达现实世界。

作业属性

作业类型

书面作业 □　　非书面作业 ☑　　课时作业 □　　单元作业 ☑

作业功能

课前预习 □　　课堂练习 □　　课后复习 □　　单元复习 ☑

适用学段　　义务教育第三学段（5~6 年级）

设计内容

亲爱的同学们，学习完"多边形面积"这一单元后，相信你们肯定收获不少！为了帮助大家更好地巩固所学知识，这个周末，我们就来品尝"欢乐自助餐"吧！请你们从下面的菜单中选择一份或几份自己感兴趣的作业，完成挑战吧！

菜单 1   图形面积公式的推导

同学们，在学习"多边形的面积"中，我们把未知的平行四边形、三角形、梯形面积转化成我们已经学过的长方形或正方形的面积，你能不能把我们推导面积公式的过程用图文结合的方式写下来呢？选择一种或几种多边形，在 A4 纸上画一画，写一写。如果你想到别的转化方法，也可以写下来哦！

设计意图

本作业是在学生学习完多边形的面积公式之后，为了让学生进一步总结和回顾多边形面积公式的推导过程而设计的。通过这一作业，也可以让学生进行知识的整理，培养学生的发散思维，进一步体会转化的思想方法，同时提高学生的直观想象能力和空间意识，引导学生用数学思维思考现实世界。

核心素养

几何直观   空间观念   推理能力

菜单 2   生活中物体表面的面积

亲爱的同学们，在我们身边有许多物体的表面是平行四边形、三角形或梯形。请你选择表面为平行四边形、三角形或梯形的物体，测量相关的数据，并计算它们的面积，在 A4 纸上画一画，写一写。

要求：画出物体表面的形状，写出名称，标注相关数据，算出面积。如果能把自己的思考或想法写下来，就更好了！

设计意图

本作业是学生在学习完多边形的面积公式后，根据图形的面积公式，开展实践活动，测量生活中物体的表面的相关数据，并计算出面积。这一过程让学生既进一步巩固了多边形面积公式的应用，又体会了数学与实际生活的紧密联系。学生在活动中积累了几何图形操作经验，发展了"量感"。引导学生会用数学的眼光观察现实世界，将数学应用于生活，从而培养学生的应用意识，发展空间观念。

核心素养

量感 空间观念 应用意识

菜单 3 探索正多边形的面积

亲爱的同学们，在学习"多边形的面积"中，我们把未知的平行四边形、三角形、梯形面积转化成我们已经学过的长方形或正方形的面积，化未知为已知，深入感悟了转化的思想方法。那么，能不能用这种方法，把正多边形的面积转化成我们学过的图形面积，来求出正多边形的面积呢？

请你把下列正多边形的面积转化成已知的图形面积，先画一画，然后用字母表示图形各边的长度，并进行计算。

正五边形如图 3-62 所示。

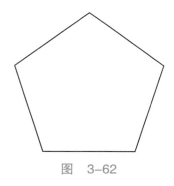

图 3-62

正六边形如图 3-63 所示。

图 3-63

正八边形如图 3-64 所示。

图 3-64

同学们，通过以上探究，你有什么发现？你还想知道什么？你有什么感悟？选择其中一点，在下方框内写下来。

设计意图

"新课标"倡导培养学生的探究精神和探究能力，而"双减"要求也提倡布置具有探究性的作业。本次探究型作业，旨在引导学生独立思考，通过运用转化的思想方法，将未知转化为已知，采用开放式答案，倡导学生用不同的方式解决问题，培养学生发散思维、独立思考和勇于探究的能力。此作业不仅有利于培养学生的数学抽象、逻辑推理和直观想象能力，还引导学生会用数学的思维思考现实世界和会用数学的语言表达现实世界。

核心素养

几何直观　空间观念　推理意识

第三篇　用中学

317

设计思路

"双减"要求下的作业倡导分层作业设计，本作业以"欢乐自助餐"为题，设置了三个包含不同作业的菜单，分别对应归纳总结知识、实践活动和探究作业三种不同类型的作业，分为三种不同的梯度，学生可以根据自己的兴趣和能力，选择其中的一份或几份完成。这样的分层作业设计，体现了因材施教的原则。

本作业主要用于学生在学习完"多边形面积"这一单元后，进行巩固应用和提高，旨在培养他们的综合能力。本作业建议在周末开展，以确保学生有充分的时间进行深入探究。

在学习长度单位、面积单位、周长和面积时，也可以设计让学生测量家里物体的实践性作业。

评价标准和方式

评价标准

本作业有别于传统的书面作业，是非书面作业，没有标准答案，开放性大。

评价参考标准如下：

✔ **菜单 1**

采用图文结合的形式，选择一种或几种多边形，把它的面积公式推导过程画下来（一一对应的关系写下来即可）。当然，鼓励学生有别于课本的推导过程，把想到的多边形面积转化成学过的图形面积，推导过程写下来即可。

✔ **菜单 2**

找到生活中具有多边形表面的物体，画一画，标出自己测出的相关数据，利用面积公式，准确计算即可。

✔ **菜单 3**

能进行探究，用自己的方式，把正多边形进行切割，并具体测量及用字母表示相关数据，表示出多边形的面积即可。最后，在方框内写上自己的发现、总结或疑问，无标准答案。

评价方式

请在表 3-23 中对你在这次作业中的表现进行评价。

表 3-23

学生评价	完成时间	10 分钟以内（ ） 10~15 分钟（ ） 15 分钟以上（ ）	自我评价 ☺☺☺☺☺
	完成方式	独立完成（ ） 同伴互助（ ） 请教师长（ ）	
	完成过程	简单（ ） 稍有难度（ ） 很难（ ）	
教师反馈	教师评价	按时完成（ ） 书写美观（ ） 思路清晰（ ） 有所创新（ ） 学有所思（ ）	教师评价 ☺☺☺☺☺
	作业情况小结	尊重学生的差异性，设计的分层作业主要是满足不同层次学生的需要。 菜单 1：属于基础类作业，主要面向 80% 的学生。 菜单 2：属于应用类作业，适用于中等水平及以上的学生。需要学生回顾基础知识，动手实践，思维迁移。 菜单 3：属于探究类作业，面向学有余力的学生，考查他们的探究思维、综合能力，有利于培养学生的自主探究能力。	

家长评价			
评价内容	优秀	良好	继续努力
1. 完成这份任务的积极性			
2. 作业的内容基本能够完成			
3. 遇到困难时能主动思考			
综合评价			

备注：1. 在相应的（ ）中打"√"

2. 把☺涂上颜色，涂满 5 个为做得最好

3. 在合适的等级评价中打"√"

[设计者：周妍盈 / 深圳市福田区教科院附小]

跑向北京我能行
——象征性长跑

20

作业目标

- 通过设计"跑向北京"象征性长跑活动方案，积累数学活动经验，感受数学在日常生活中的应用。
- 通过长跑活动的开展，真正理解"象征性"长跑的意义，在强身健体的同时感受运动的快乐，激发学生学习数学的兴趣。
- 通过学科融合主题活动的开展，探究主题明确，更有针对性，让学习在不知不觉中发生，积累思考经验，开阔眼界。

作业属性

作业类型

书面作业☐   非书面作业☑   课时作业☐   单元作业☐

作业功能

课前预习☐   课堂练习☐   课后复习☑   单元复习☐

适用学段

义务教育第三学段（5~6年级）

设计内容和思路

设计内容

跑向北京我能行，争做健康小明星
——五年级"接力"象征性长跑活动方案

一、活动领导小组

组长：五年级数学老师

副组长：五年级各班班主任

组员：各班小组长

二、象征性长跑的主题

根据学生搜集资料显示：从深圳到北京，走京港澳高速公路全长约2400km，走铁路全长约2372km。

五年级全体学生和部分老师，将完成从"深圳"到"北京"约2400km的长跑总任务，路线如图3-65所示。我们的主题为：跑向北京我能行，争做健康小明星。

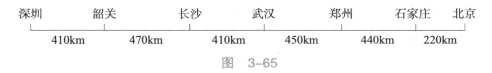

深圳	韶关	长沙	武汉	郑州	石家庄	北京
410km	470km	410km	450km	440km	220km	

图 3-65

> **设计意图**
>
> 打破学科界限，也体现了年级老师重视程度。考查学生搜集资料和分析应用的能力。
>
> **核心素养**
>
> 数据意识　应用意识

三、活动开展接力安排（每人每天 1km）

1.年级统一安排：电教室举行象征性长跑启动仪式。

2. 五（1）班44人，为象征性长跑的第一接力棒。跑向韶关约410km。

$$410 \div 44 \approx 9（天）$$

3. 五（2）班47人，为象征性长跑的第二接力棒。跑向长沙约470km。

$$470 \div 47 = 10（天）$$

4. 五（3）班41人，为象征性长跑的第三接力棒。跑向武汉约410km。

$$410 \div 41 = 10（天）$$

5. 五（4）班45人，为象征性长跑的第四接力棒。跑向郑州约450km。

$$450 \div 45 = 10（天）$$

6. 五（5）班44人，为象征性长跑第五接力棒。跑向石家庄约440km。

$$440 \div 44 = 10（天）$$

7. 五年级全体学生（221人）终点冲刺：跑向北京约220km。（结束仪式）

$$220 \div 221 \approx 1（天）$$

（根据计算，每名学生在11天内大约要跑完11km，这样全部学生就可以接力完成从"深圳"跑向"北京"。当每个班到达各自目的地后，各班分别了解当地风俗习惯、旅游胜地、历史文化等。）

设计意图

体验象征性长跑的意义，感受接力跑理念。

核心素养

运算能力　创新意识

四、象征性长跑场地

学校现有一个跑道长度为200m的运动场，有5条跑道。每天每名学生围绕操场完成5圈任务，相当于每名学生每天约跑1km的距离。周末需家长监督学生完成任务后签名。跑步图片及时上传给老师。

五、象征性长跑时间

根据活动的具体要求，为了保证学生每天的锻炼任务，我们的长跑活动将利用体育课、体育大活动以及放学后的自由时间，由学生自由安排完成每日长跑。启动仪式和结束仪式将邀请老师和家长共同参与。各班根据活动安排，由语文老师进行学科整合教学。每日完成任务后，学生需向小组长打卡考勤，周末的打卡可以在周一进行补打。

设计意图

考查学生运用数据的能力及参与活动的自律性。

核心素养

运算能力　数据意识　应用意识

六、象征性主题活动的开展（语文老师结合语文教学开展）

在活动的全过程中，我们将分别安排 5 次象征性长跑的主题活动，分别以各班到达的目的地开展主题活动任务。

1. "跑向北京，游历神州" 启动感言。（日记分享）

2. 五（1）班 "跑向韶关，粤地神游"。（从广东省行政区划、民族分布、风土人情、历史人文、非物质文化遗产等专题中选择一项进行了解。看一本图书，观一部电影，查一种资料，写一篇心得）

3. 五（2）班 "跑向长沙，行走湘江"。（从湖南省行政区划、民族分布、风土人情、历史人文、非物质文化遗产等专题中选择一项进行了解。看一本图书，观一部电影，查一种资料，写一篇心得）

4. 五（3）班 "跑向武汉，荆楚寻幽"。（从湖北省行政区划、民族分布、风土人情、历史人文、非物质文化遗产等专题中选择一项进行了解。看一本图书，观一部电影，查一种资料，写一篇心得）

5. 五（4）班 "跑向郑州，逐鹿中原"。（从河南省行政区划、民族分布、风土人情、历史人文、非物质文化遗产等专题中选择一项进行了解。看一本图书，观一部电影，查一种资料，写一篇心得）

6. 五（5）班 "跑向石家庄，英雄之城"。（从河北省的历史与现在、民族分布、风土人情、非物质文化遗产等专题中选择一项进行了解。看一本图书，观一部电影，查一种资料，写一篇心得）

7. "跑向北京，梦圆中国" 冲刺挑战。（活动感言）

設計意图

本部分是和语文老师一起，结合活动进行的学科融合设计，主要由语文老师根据活动开展教学。

核心素养

应用意识

七、安全保障措施

1. 关注参与长跑学生健康情况，身体不适者不能参加长跑，可步行完成任务。

2. 因人而异，根据自己的情况完成长跑任务。

3. 多进行安全知识宣传。

4. 合理安排学生的体育锻炼时间。

5. 规范学生的长跑纪律，保证长跑活动有序进行。

八、活动的宣传

以在家校沟通群、班级、校刊等宣传活动中的有关信息为主。

九、优秀学生评选

1. 活动中未发生任何安全事故。

2. 参与活动积极，主题活动完成出色。

3. 长跑任务出勤率高，锻炼效果好。

4. 遵守活动纪律，自律，团结同学。

設計意图

活动情况补充及评价措施，尽量避免出现安全问题，激励学生积极参与活动。

核心素养

应用意识

设计思路

　　素质教育的内涵具体表现在以下五方面：素质教育以提高全民素质为根本宗旨；素质教育是面向全体学生的教育；素质教育是促进学生全面发展的教育；素质教育是促进学生个性发展的教育；素质教育以培养学生的创新精神和实践能力为重点。根据教育部规定，中小学校要保证中小学生每天校内体育活动时间 1 小时。基于此，我们把本作业内容真正落地，而不仅仅是纸上谈兵，让学生真正动起来，跑起来，并把真情实感写出来。

　　"象征性长跑"作业，由于纸笔测试不好考查，相信不少教师会选择直接略过，也可能是纸上谈"象征性长跑"。然而，出于对运动的热爱和对健康的追求，以及对本次作业的理解，我觉得更应该让学生真正地跑起来。基于此，我联系了整个五年级组的数学教师和各班班主任，没有想到，得到了大家的全力支持，特别是语文老师，也加入了学科融合任务，使我们的"象征性长跑"变得更加有意义。经过和学生一起搜集资料、计算路线和讨论，与老师们一起探究，详细策划，我们最终设计了本次作业方案，并成功实施。此次作业深受学生喜爱，也赢得了家长的高度肯定和大力支持。

进一步思考

　　教育是一场双向奔赴，老师可以带着学生一起体验，第一次跑完 10 圈非常艰难，一周后跑完 10 圈就可能非常轻松。在和学生一起运动的过程中，还能进一步促进师生关系和谐。在奔跑中、散步时，老师可以更容易和学生沟通交流，老师越了解学生，沟通与说服更顺畅。

评价标准和方式

评价标准

积极参与长跑任务，出勤率高，锻炼效果好；活动中未发生安全事故；主题探究任务完成好。

本方案已经在我任教的两届五年级学生中开展，学生非常喜欢，甚至带动了一部分热爱运动的家长的参与。在尽情地跑动中，学生不仅真正体验了"象征性长跑"，也体会了"跑向北京"这个大目标分割为小目标后的可达成性的提升。锻炼身体的同时完成主题任务，学科融合，言之有物。让学生真正"跑"起来，自己也能跑起来。学习不能都是纸上谈兵，动起来，让学习更多彩！

评价方式

学生参与跑步活动的展示和主题探究任务可以通过征集作业照片或视频的方式，并在全班展示交流。通过学生自评、教师评价及家长评价等方式进行作业评价，见表3-24。

表 3-24

学生自评			
评价内容	优秀	良好	继续努力
1.你喜欢本次长跑活动吗			
2.你完成长跑任务了吗			
3.你完成主题探究任务了吗			
4.这次作业，请给自己一个综合评价			

教师评价			
评价内容	优秀	良好	继续努力
1. 活动任务自觉完成			
2. 完成活动的积极性高			
3. 遇到困难时能主动思考			
4. 主题活动完成质量好			
综合评价			
家长评价			
评价内容	优秀	良好	继续努力
1. 活动任务自觉完成			
2. 完成活动的积极性高			
3. 遇到困难时能主动思考			
综合评价			

备注：在合适的等级评价中打"√"

［设计者：杨英丽 / 深圳市福田区景莲小学］

奥运会中的数学
——小数四则混合运算的拓展练习

21

● 作业目标

- 通过回顾假期观看的奥运会进行拓展练习，运用数学知识解决奥运会中的数学问题，巩固"小数四则混合运算"的相关计算方法。
- 通过阅读文本了解百米赛跑、跳水等一些奥运项目的评分方法，以裁判员的身份试着给奥运冠军"核对"得分，充分体会数学在生活中的广泛应用。
- 感受我国奥运健儿为国争光的精神和力量，收集奥运会中的数学知识，体会用数学的思想和方法去解决生活中的实际问题。

● 作业属性

作业类型 ✎

探究型 ☑   实践型 ☐   书面型 ☑   游戏型 ☐

作业功能 ✎

课前预习 ☐   课堂练习 ☐   课后复习 ☑   单元复习 ☐

适用学段 ✎

义务教育第三学段（5~6年级）

设计内容和思路

设计内容

每当看到我国运动健儿在奥运赛场上奋力拼搏时，你有没有被他们精湛的专业技能震撼到呢？在扣人心弦的奥运会中可蕴含着不少的数学知识呢！

作业 1　观看与计算

2021 年 8 月 1 日，我国运动员苏炳添创造历史，以 9 秒 83 的优异成绩打破亚洲纪录。让我们回顾苏炳添创造历史性突破的精彩瞬间。

在竞争如此激烈的比赛中，裁判是如何判定运动员到达终点的先后顺序的？运动员的跑步速度又是如何被记录下来的？当运动员即将到达终点的那一刻，终点摄像机以 10000 帧 / 秒的速度捕捉影像，生成终点图。裁判正是根据终点图来判定运动员的终点成绩。真可谓是"一秒定胜负"！

我校男子 A 组 200m 赛跑的前 5 名的成绩，见表 3-25。

表　3-25

A 组男子 200m	王丁	李南	安迪	马林	海涛
成绩（s）	27.38	28.67	29.23	29.38	29.58

（1）第 1 名比第 2 名快了多少秒？

（2）哪两位运动员的成绩最接近？相差多少秒？

（3）前 5 名运动员的平均成绩是多少？

（4）如果第 6 名同学的成绩是 30s，那么前 6 名同学的平均成绩是多少？

（5）如果前 7 名同学的平均成绩是 29.22s，那么第 7 名同学的成绩是多少秒？

 设计意图

情境化的内容促使学生尽可能地利用自己已有的知识去应答和解决相关联的问题，这更有利于发挥作业让学生学习可持续发展的作用。它不仅能够巩固知识，而且能够激发学生主动内化知识的潜能。

（核心素养）

数感　运算能力　应用意识

作业 2 　体验与计算

1. 了解跳水男子单人三米板选手的成绩是如何计算出来的。

2021 年 8 月，在东京奥运会男子三米板决赛中，我国选手谢思埸和王宗源包揽冠亚军。当看到屏幕上显示的一组裁判打分时，如图 3-66 所示，有很多小朋友一定会好奇：选手的本轮得分是怎么算出来的？

图　3-66

同学们，你们知道跳水运动的评分标准是什么吗？据了解，单人跳水比赛时，评分裁判人数上有 7 人制和 5 人制两种，一般的比赛可由 5 名裁判员评分。然而，在奥运会、世界锦标赛、世界杯跳水比赛及国内重要赛事中，则必须采用 7 名裁判员进行评分。裁判员给分时满分为 10 分。如果是 5 名裁判员，评分标准是：5 名裁判员打出分数后，先去掉一个最高分和一个最低分，取余下 3 名裁判员给出的分数，计算总和，再乘运动员所跳动作的难度系数，得出该动作的实际得分；而 7 名裁判员的评分标准是：先去掉两个最高分和两个最低分，同样取余下 3 名裁判员给出的分数，计算总和，再乘该运动员在本轮跳水中的动作难度系数，得到该名运动员这一轮跳水的实际得分。

2. 用上述打分方法体验一下分数的计算过程。

（1）王宗源在最后一轮跳水时，7 个评委给出的分数分别是：9.0，9.0，9.5，9.0，9.0，9.0，9.0，难度系数 3.8。请你计算一下他这一轮动作的得分：（　　　　　　　）

（2）谢思埸在最后一轮跳水的难度系数也是 3.8，现场 7 位评委打分如下：9.0，8.5，9.0，9.0，9.0，9.0，9.0，请你算算他这一轮动作的得分：（　　　　　　　）

3. 了解男子双人三米板的评分方法。

2021 年 7 月 28 日，中国选手王宗源和谢思埸夺得东京奥运会跳水男子双人三米板冠军。那么，男子双人三米板跳水的评分是如何计算出来的呢？男子双人三米板跳水比赛通常由 11 名裁判员进行评分，基础分包括三部分：①选手 1 的技术分，由 3 名裁判打分；②选手 2 的技术分，由另外 3 名裁判打分；③同步分，由剩余 5 名裁判打分。例如：在谢思埸、王宗源获得东京奥运会男子双人三米板冠军决赛的过程中，其中一跳的得分，如图 3-67 所示。

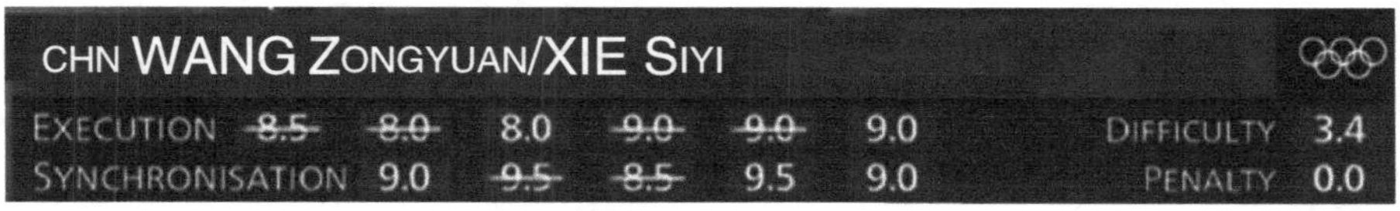

图　3-67

前 3 个分数是王宗源的得分，扣除 1 个最高分和 1 个最低分，剩余的 8.0 分为他的技术分；后 3 个分数是谢思埸的得分，扣除 1 个最高分和 1 个最低分，剩余的 9.0 分为他的技术分；"Synchronisation"这一行共 5 个分数：扣除 1 个最高和 1 个最低分，还剩 3 个分数：9.0，9.5，9.0，为他们的同步分。最后，将技术分和同步分的和除以 5 再乘 3。

（1）最后剩下的 5 个分数，分别是哪几个？（　　　　　　）

（2）对照上面的评分标准，想想看，怎样计算出基础分？（　　　　　　）

（3）"Difficulty"表示难度分，是多少分？（　　　　　　）

（4）如何算出这一跳的得分？（　　　　　　　　　）

经过这样的 6 轮比拼，两位选手最终以总分 467.82 分的成绩成功夺冠！

作业 3　游戏式创意练习——创作 2022 北京冬奥会"计算涂色卡"

1. 小组合作出题设计涂色卡。全班分成几个小组，以小组为单位根据结果出题，逆向思维设计一张小数四则计算涂色卡。首先，给每组发一张没有填充颜色的简笔图。接下来，全组成员需要根据画面内容在需要涂色的区域里分别设计出小数四则混合计算的题目及涂色要求。（小组成员先合作拟出某区域内所出题目的计算结果范围所对应的颜色，然后在相应区域按照得数范围逆向思维进行出题）。2022 北京冬奥会"计算涂色卡"创作任务单，见表 3-26。

表　3-26

组号及组长	作品名称	涂色规则	参与者	创作感想

例如，①第一小组领取到的创作任务，如图 3-68 所示。②第一组成员合作设计的题目及涂色要求，如图 3-69 所示。

图 3-68　　　　　　　　　　图 3-69

2. 小组合作答题完成涂色卡。各组之间交换设计好的"计算涂色卡"，在自己组内分工合作完成计算和涂色任务，然后由出题组进行涂色核对并在班内进行展示。2022 北京冬奥会"计算涂色卡"解答、涂色任务单，见表 3-27。

表　3-27

组号及组长	交换后领取到的作品名称	分工合作方式	解答中出现的易错题目或正确完成的技巧等	此项游戏式作业的感想

部分学生作品如图 3-70 所示。

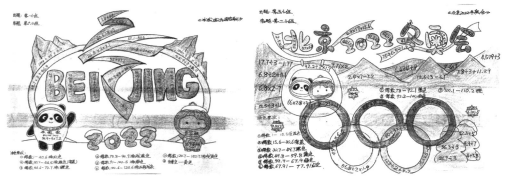

图　3-70

作业 4　拓展与延伸

奥运会的赛场上真可谓看点十足，你还发现了哪些"奥运会中的数学"呢？

请同学们快来介绍一下吧！

设计意图

练习的效能是"双向"的，即学生首先根据结果给对方设计题目，再根据对方小组的精心设计进行合作计算和涂色。这样的活动让学生在共同完成作业的过程中体验小组合作带来的乐趣，同时在提升计算能力的同时，也能够感受到"计算，可以变得很有趣儿"。

核心素养

应用意识　创新意识

设计思路

不少学生觉得计算枯燥乏味，毫无兴趣。于是，我尝试了一种新方式来激发学生的计算兴趣。奥运比赛的分数可不能马马虎虎地计算，必须分毫不差！那么，我们今天就来扮演一下奥运会中的裁判，用我们学过的小数四则混合运算的方法，来"核算"一下奥运比赛的得分吧！

五年级学生已经具备了独立阅读及思考的能力，所以，我在本作业中巧妙地引入了百米赛跑和跳水项目的评分标准等相关内容，将"小数四则混合运算"融入"奥运会"的情境中，以此来激发学生学习的内驱力，设计思路如图3-71所示。

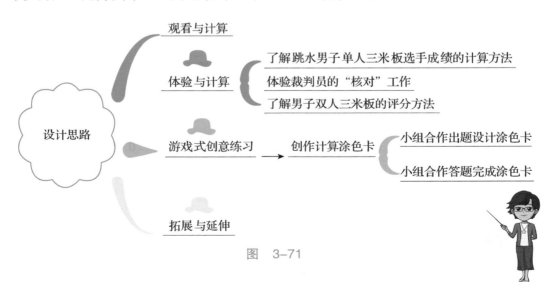

图　3-71

　　评估该方案的优点：第一，通过对奥运会主题的营造，有利于有效地激发学生的学习兴趣，渗透爱国主义教育，增强学生的民族自豪感；第二，注重了数据分析对于体育运动的作用，有利于学生感受数学的价值，培养学生的应用意识；第三，自主学习与合作学习相结合，为学生提供充分的交流与探索空间，可以有效地培养学生用数学的眼光观察和解决实际问题的能力，感受学习数学的价值和实际意义。

进一步思考

　　老师们，对于计算方面的作业设计，您一定也有独特的想法吧！我们还可以结合计算内容开展一些实践活动来进行作业设计，让学生感到数学有趣、数学有用、数学合理、数学好玩，我们诚邀您一起来设计有趣又好玩的计算类作业！

评价标准和方式

评价标准

　　通过对学生计算的准确度和列算式解题过程中所体现的思路的清晰度来进行评价。

参考答案

✔ **作业 1**

（1）1.29s。　　　　　　　　　　（2）安迪和马林；0.15s。

（3）这组数据的平均数是 28.848s。　（4）前 6 名的平均成绩是 29.04s。

（5）30.3s。

✔ **作业 2**

1. 略。

2.（1）王宗源在最后一轮跳水时的得分是 102.60 分。

（2）谢思埸最后一轮跳水时的得分也是 102.60 分。

3.（1）8.0 9.0 9.0 9.5 9.0

（2）基础分（8.0+9.0+9.0+9.5+9.0）÷5×3=26.7（分）

（3）3.4

（4）26.7×3.4=90.78（分）

✔ **作业 3**

略。

✔ **作业 4**

略。

评价方式

请在表 3-28 中对你在这次作业中的表现进行评价（把 ☺ 涂上颜色，涂满 5 个为做得最好）。

表　3-28

学生自评	
评价内容	评价填写
1. 作业 1：能够利用网络等资源收看视频并独立解答题目	☺☺☺☺☺
2. 作业 2：了解男子双人三米板的评分方法，结合真实赛况，对运动员得分相关的系列问题进行计算和解答	☺☺☺☺☺
3. 作业 3：能够认真倾听他人的建议，能发表自己的想法；合作中，乐于与人合作	☺☺☺☺☺
4. 作业 4：能够有条理地整理和描述自己"还发现了哪些'奥运会中的数学'"，并能完整地进行介绍	☺☺☺☺☺
5. 能主动解决完成作业过程中遇到的问题	☺☺☺☺☺
6. 本次作业，请给自己一个综合评价（打"√"）	优秀 □　良好 □　需要努力 □

[设计者：吕舒 / 深圳市福田区福强小学]

设计秋游方案
——数据收集实践作业

22

作业目标

- 通过参与"设计秋游方案"的实践活动，积累数学活动经验，感受数学在日常生活中的运用。
- 经历设计活动方案的过程，提高收集数据与处理数据的能力。
- 在收集数据、设计方案、交流和反思等活动中，学会合理地评价活动过程和设计方案等，发展自我反思能力。

作业属性

作业类型

书面作业 □　　非书面作业 ☑　　课时作业 ☑　　单元作业 □

作业功能

课前预习 □　　课堂练习 □　　课后复习 ☑　　单元复习 □

适用学段

义务教育第三学段（5~6年级）

设计内容和思路

设计内容

随着生活水平的提高，人们将四处游玩、欣赏祖国的大好河山列入了未来计划中。但当人们真正出发时，没有一份旅行方案又怎么启程呢？假如你是一名旅行爱好者，你会时刻做好准备，随时都能用自制的旅行方案和家长来一场"说走就走"的旅行吗？请你以我国首都北京为例，收集相关数据，设计一份5天4晚的旅行方案。

设计意图

让学生在"出去玩"的想法之上，充分把课堂中学到的知识和真实情境中的具体活动联系在一起，让学生在现实的活动中自己去展开行动，发现和提出问题，并且尝试分析和解决问题。目的地选在北京，旨在让学生了解、认识我国首都。将爱国教育融入作业，学生侧面接触北京的风土人情、人文景观后，制订出的方案将对未来出行的美好期望转化为对国家的认同感。

核心素养

空间观念　数据意识　应用意识　创新意识

作业1

在旅行的过程中，可能会遇到哪些问题呢？想一想，填在下框中。

旅行方案是对旅行计划的详细规划，方案越全面越细致，旅行中遇到的突发状况就会越少。下面总结了旅行过程中较重要的 6 个问题作为参考。

①怎么去？

②住哪里？

③去哪参观？

④吃什么？

⑤怎么回？

⑥要准备多少钱？

设计意图

通过预设旅行中的问题，增加学生的参与感与感兴趣的程度，着重培养学生会用数学的眼光观察现实世界。在发现、提出现实问题的活动中，拓宽了学生的视野，真正体现了数学教学的创新。

核心素养

应用意识　创新意识

作业 2

根据上述需要解决的问题，这份旅行方案中应收集哪些数据？想一想，填在下框中。

分析需要解决的问题，并对需要收集的数据进行预设。"新课标"特别强调了要从真实问题入手，所以要在真实情境下收集数据。下面针对前文提到的 6 个问题进行分析。

（1）怎么去？　　　答：收集从深圳出发至北京的交通信息，如航班、火车和自驾。

（2）住哪里？　　　答：收集北京的酒店信息。

（3）去哪参观？　　答：收集北京的景点信息。

（4）吃什么？　　　答：收集北京的特色美食信息。

（5）怎么回？　　　答：收集从北京返回深圳的交通信息，如航班、火车和自驾。

（6）要准备多少钱？答：估计来回路费、餐饮费、住宿费、门票费以及每日交通费等费用之和。

设计意图

在收集数据、信息的过程中，着重培养学生会用数学的思维思考现实世界。通过分析需要收集的数据，增强学生分析和解决现实问题的能力。

核心素养

数据意识　应用意识　创新意识

作业 3

实践式创意活动——绘制秋游旅行方案。

根据以上讨论，请你自行收集数据，并在下框中绘制旅行方案。

以开放的视角，对内容不做统一要求，旨在消除学生对被动完成作业的无奈感，同时关注到每名学生的自我需求，促进学生的个性化发展。在绘制方案的过程中，着重培养学生会用数学的语言表达现实世界。

核心素养

空间观念　数据意识　应用意识　创新意识

部分学生作品展示如图 3-72 所示。

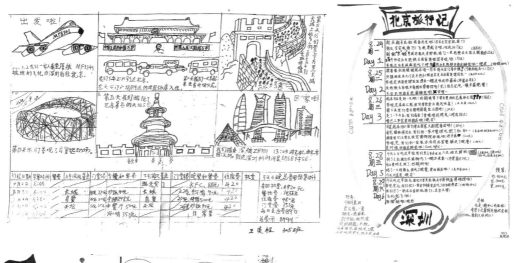

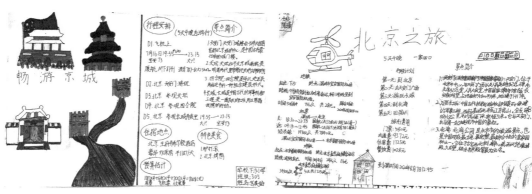

图　3-72

设计思路

"设计秋游方案"作为一项数据收集实践作业，在跨学科整合上有极大的便利性。它结合了数学、地理、历史、美术等学科知识，在绘制秋游方案的过程中，培养了学生提出问题、分析问题、解决问题及收集和处理数据的能力，同时增强了他们运用数学知识解决实际问题的意识，让学生感受数学与现实生活的紧密联系，进一步激发了他们的创造性思维。

进一步思考

老师们之后还可以为学生们提供一个旅游目的地小转盘，如图3-73所示，通过随机选择目的地的方式增强趣味性。

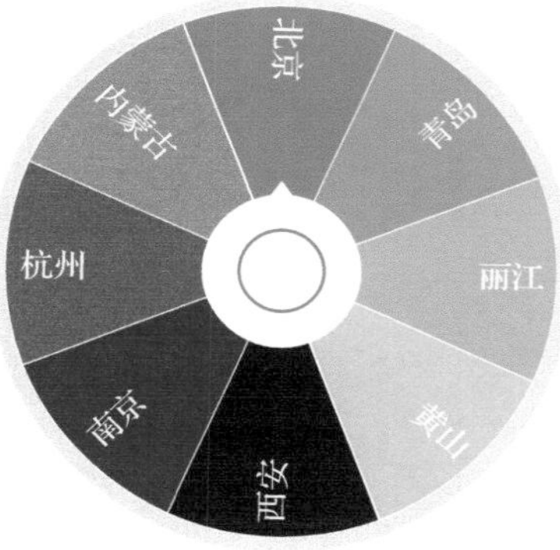

图 3-73

评价方式

本次活动实施三个层面的评价：小组互评、全班展示互评和自我评价。

①小组互评：组内互评设计的方案，给对方提建议，并投票选出小组内最合理、最好实施的方案。

②全班展示互评：在修改、完善小组内最合理、最好实施的方案的基础上，进行全班展示和评价。

③自我评价：请在表3-29中对你在这次作业练习中的表现进行评价（把每项后面的☆涂上颜色，涂满5个为做得最好）。

表　3-29

学生自评	
评价内容	评价之星
1. 我知道了如何设计旅行方案	☆ ☆ ☆ ☆ ☆
2. 我能合理规划方案的内容	☆ ☆ ☆ ☆ ☆
3. 我能准确地收集需要的数据	☆ ☆ ☆ ☆ ☆
4. 我能自行设计出一份合理的旅行方案	☆ ☆ ☆ ☆ ☆
5. 我能看懂其他同学的方案，并给出评价	☆ ☆ ☆ ☆ ☆
6. 我能根据其他人的看法进行反思，并修改方案	☆ ☆ ☆ ☆ ☆
7. 这次活动对我来说（打"√"）	简单 □　适中 □　有挑战 □

［设计者：徐力邦 / 深圳市福田区下沙小学］

圆融通透
——圆的认识和周长、面积的应用

23

作业目标

- "圆"——整体把握单元内容。能正确描述圆的特征，掌握圆的画法，能正确计算圆的周长和面积。

- "融"——融化认知冰点。初步学会用圆的知识解释生活中的简单现象，利用圆周长和面积公式解决实际问题，提高解决实际问题的能力。

- "通"——数学变通能力。能灵活运用转化、极限、类比、由特殊到一般等数学思想解决问题。

- "透"——透彻领悟本质。通过生活实例、数学史料，感受数学之美，体会数学的文化价值，形成热爱数学的积极情感。

作业属性

作业类型

书面作业 ☑   非书面作业 ☐   课时作业 ☐   单元作业 ☑

作业功能

课前预习 ☐   课堂练习 ☑   课后复习 ☑   单元复习 ☑

适用学段

义务教育第三学段（5~6 年级）

设计内容和思路

设计内容

作业1　我会算：圆的知识知多少

鹏鹏："圆"这一单元的公式好多啊，半径、周长、直径、面积，太复杂了。

甜甜：四个量之间都是相互联系的，只要知道其中一个就可以求出另外三个。

姚博士：我设计了一个表格，见表3-30，你们来填一填吧，看谁填得又快又准。

表　3-30

半径 r (cm)	直径 d (cm)	周长 C (cm)	面积 S (cm²)
2			
	8		
		28.26	

设计意图

结合单元内容，为学生提供进行自主整理的支架，帮助他们多角度理解圆的周长、面积与半径、直径之间的关系。

核心素养

数感　符号意识　运算能力

作业2　我会用：解决问题谁更强

1. 武汉市江汉关博物馆上有一个大型塔钟，始建成于1924年，距今已有一百年的历史。在 GPS 电子钟的基础上新增北斗模块后，江汉关塔钟的精准度可以达到30亿年误差不到1s，这是前所未有的。每到年末岁初的时候，无数的武汉市民都会来到江汉关旁边等待新年钟声的敲响。该塔钟的分针长约1.7m，经过1h，分针尖端走了（　）m，分针扫过的面积是（　）m²。

2.假设莲花山公园准备新建一个直径是 10m 的圆形喷水池，沿着喷水池的外延再修建一条宽是 2m 的环形草坪，如图 3-74 所示。

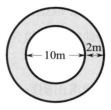

图　3-74

（1）环形草坪的面积是多少？

（2）沿环形草坪外沿做一圈防护栏，防护栏的长是多少？

作业 3　我会设计：动手操作我最棒

1. 在所有平面图形中，圆形是最美的图形之一。我国传统建筑中经常能见到"外方内圆"和"外圆内方"的设计，二者体现了我国刚柔并济，和谐共生的传统理念。在施工过程中，工人想要从一块如图 3-75 所示的长 40cm、宽 30cm 的长方形木板上得到一个尽可能大的圆，你能帮忙设计如何得到最大的圆并计算圆的面积吗？

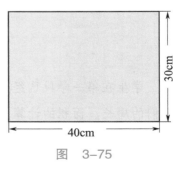

图　3-75

设计意图

　　题目以我国古建筑艺术设计为背景，采用数形结合的方法，通过建模和逻辑推理，提高学生的理解分析能力和动手操作能力，帮助学生初步形成空间观念。

核心素养

量感　几何直观　空间观念

　　2. 根据国家关于住房建设的相关规定，新建住宅小区的绿地率应不低于30%，绿地空间应包含一定数量的活动场地，以满足居民的多样化生活需求。

　　（1）淘气家楼下的绿地形状如图3-76阴影部分所示，你能求出阴影部分的周长和面积吗？

　　（2）为了便于引导居民前往花园，请用两个圆和两条线设计一个图案，作为花园的标识。

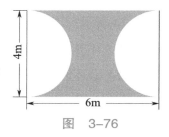

图　3-76

设计意图

　　题目以小区绿地建设为背景，渗透数学转化的思想。通过创设开放性作业，激活学生的思维，激发学生的学习兴趣，提升学生的创新能力。

核心素养

空间观念　应用意识　创新意识

设计思路

　　学生在第一学段已经直观地认识了圆，并学习了长方形、正方形等平面图形及它们的周长、面积的计算。在此基础上，本单元进一步学习圆的知识。学生在学习平行四边形、三角形、梯形等面积计算公式的推导过程中，已经接触过"转换"的数学思想，这些都为本单元研究探讨圆的周长计算公式、圆的面积计算公式奠定了基础。

　　基于"新课标"要求以及学生学情，单元作业设计的整体思路如图3-77所示。

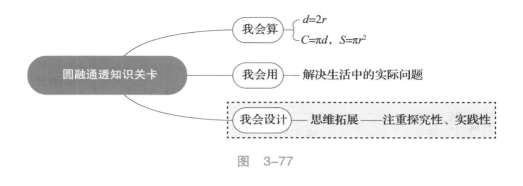

图 3-77

进一步思考

老师们还可以开展一些关于圆形在日常生活中应用的调查实践活动，如为什么轮胎、井盖、蒙古包的横截面，大多植物根茎的横截面以及易拉罐可乐横截面都是圆形的？

评价标准和方式

评价标准

根据"新课标"要求，在此份作业中，建议对学生的评价可以从以下几个方面进行：学生能够掌握并描述圆的半径、直径、周长和面积，并能应用这四个量进行相应的数学计算；能够解决生活中的实际问题；还能够利用圆设计一些图形，从设计中感受数学之美，促进学生创新意识的提升。

评价方式

评价方式见表 3-31。

表 3-31

学生评价	完成时间	10分钟以内（　）	10~15分钟（　）	15分钟以上（　）	自我评价 ☆☆☆☆☆
	完成方式	独立完成（　）	同伴互助（　）	请教师长（　）	
	完成过程	简单（　）	稍有难度（　）	很难（　）	
教师反馈	教师评价	按时完成（　）　认真书写（　）　解答准确（　） 解题思路清晰（　）　学有所思（　）			教师评价 ☆☆☆☆☆
	作业情况小结	尊重学生的差异性，设计的分层作业旨在满足不同能力水平学生的需要 作业1和作业2属于基础类作业，主要面向大多数学生，确保80%学生能够正确完成 作业3属于提升类作业，具有开放性，适用于中等水平及以上的学生。需要学生认真审题，对学生的理解能力、应用能力要求较高			

备注：1. 在相应的（　　　）中打"√"

2. 把☆涂上颜色，涂满5个为做得最好

［设计者：刘利锋 / 深圳市福田区梅林小学］

数形结合
——跨单元整合练习

作业目标

- 通过整合作业，学生能够掌握平面图形的面积计算方法，并进一步理解百分数的意义。这种作业设计有助于加强各知识点之间的联系，深度挖掘习题背后的数学原理。

- 通过拓展作业实施分层练习，不仅能够提高习题的思维训练价值，还能增强思维方法的渗透功能，激发学生对数学学习的兴趣和求知欲。

作业属性

作业类型
探究型 □　　　　实践型 □　　　　书面型 ☑　　　　游戏型 □

作业功能
课前预习 □　　　课堂练习 □　　　课后复习 □　　　单元复习 ☑

适用学段
义务教育第三学段（5~6年级）

设计内容和思路

设计内容

作业 1 夯实基础知识，掌握基本技能

1. 一个边长为 10cm 的正方形，如图 3-78 所示，它的面积是多少平方厘米？

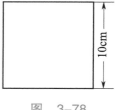

图 3-78

2. 一个半径为 5cm 的圆，如图 3-79 所示，它的面积是多少平方厘米？

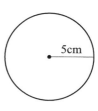

图 3-79

3. 图 3-79 的面积是图 3-78 面积的百分之几？

设计意图

本作业以"计算正方形和圆的面积"为素材，在练习的过程中，学生既复习了面积计算公式，又巩固了两个量之间的百分比关系的理解和运算，从而进一步运用百分数知识解决实际问题。

核心素养

运算能力

作业 2 题组对比练习，发现共性问题

1. 从一块边长 4cm 的正方形卡纸上剪下一个最大的圆，如图 3-80 所示，这个圆的面积是多少平方厘米？这个圆的面积占正方形面积的百分之几？

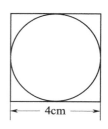

图 3-80

2. 从一块边长 6cm 的正方形卡纸上剪下一个最大的圆，如图 3-81 所示，这个圆的面积是多少平方厘米？这个圆的面积占正方形面积的百分之几？

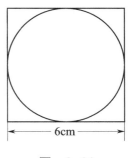

图 3-81

3. 从一块边长 10cm 的正方形卡纸上剪下一个最大的圆，如图 3-82 所示，这个圆的面积是多少平方厘米？这个圆的面积占正方形面积的百分之几？

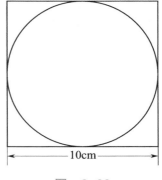

图 3-82

设计意图

本作业以"在正方形中画一个最大的圆"为素材，在进行对比练习的过程中，学生通过对三组数据的观察和分析，能够发现正方形和圆的面积之间的内在的联系。

核心素养

运算能力　推理能力

作业 3 拓展延伸练习，提升数学思维

1. 已知正方形的面积是 36cm²，如图 3-83 所示，求阴影部分中一个小圆的面积。

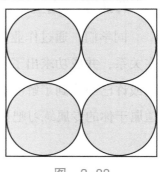

图 3-83

2.已知正方形的面积是 $36cm^2$，如图 3-84 所示，求阴影部分中一个小圆的面积。

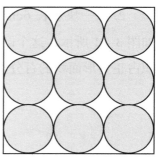

图　3-84

3.已知正方形的面积是 $36cm^2$，如图 3-85 所示，求阴影部分 $\left(\frac{1}{4} 圆\right)$ 的面积。

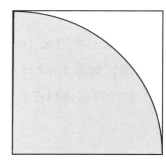

图　3-85

设计意图

本作业以"正方形与阴影部分面积之间的关系"为素材，在练习的过程中，学生通过探索正方形面积与阴影部分面积之间的内在联系，提升学生对习题的思维训练价值，强化了思维方法的渗透功能，激发学生对数学学习的兴趣。

核心素养

运算能力　应用意识

作业 4　自主设计练习，培养创新能力

同学们，通过作业 3 的练习，你们已经了解了正方形与阴影部分面积之间的内在关系，并成功求出了阴影部分中 1 个和 $\frac{1}{4}$ 个圆的面积。同学们表现得很棒，你们或许已经找到了解决此类问题的突破口。那么，就让我们趁热打铁，也来设计几道属于你的专属练习吧！

设计思路

此份作业属于单元整合练习，是在学习圆的面积和百分数意义的基础上进行了拓展。作业设计由易到难，层层递进，深度挖掘知识之间的内在联系，加强了对习题资源的开发和利用。预估学生可以在 20 分钟内完成。其中，作业 1 是对基础知识、基本技能的考查，每名学生都能完成。作业 2 是题组对比练习，学生通过计算发现，在正方形内画一个最大的圆，圆的面积占正方形面积的 78.5%。只要学生计算细心，知道圆的直径就是正方形的边长，预估 90% 的学生会发现共性问题。作业 3 通过不同的变式练习，使学生对共性问题（正方形内最大的圆的面积占该正方形面积的 78.5%）进行了内化、巩固，让学生的思维得到发展。作业 4 是自主设计练习，难度比较大，有能力的学生尝试去改编，但这是主动学习的过程，更是一个学习知识创新、方法创新的过程，让学生的创新能力得以培养，激发了学生数学学习的兴趣和求知欲，最终提升了数学能力。

进一步思考

单元整合练习的设计，要避免简单的重复劳动、机械的死记硬背和枯燥的题海战术，因为这样的练习可能会压抑学生的学习兴趣，固化学生的思维。老师必须牢牢把握练习的核心素养，挖掘练习的内在价值，提升练习的整体思维价值，优化数学思维，让学生感受数学学习带来的喜悦。

评价标准和方式

评价标准

参考答案

✔ **作业 1**

1. $100cm^2$。2. $78.5cm^2$。3. 78.5%。

✔ **作业 2**

1. $12.56cm^2$；78.5%。2. $28.26cm^2$；78.5%。3. $78.5cm^2$；78.5%。

✔ **作业 3**

1. $7.065cm^2$。2. $3.14cm^2$。3. $28.26cm^2$。

✔ **作业 4**

略。

评价方式

请在表 3–32 中对你在这次作业练习中的表现进行评价（把每项后面的☆涂上颜色，涂满 5 个为做得最好）。

表　3–32

学生自评	
评价内容	评价之星
1. 我会求正方形的面积、圆的面积以及两个量之间的百分比	☆ ☆ ☆ ☆ ☆
2. 我知道了正方形和阴影部分之间的内在联系	☆ ☆ ☆ ☆ ☆
3. 我能运用规律，解决实际问题	☆ ☆ ☆ ☆ ☆
4. 我能主动设计练习，创新能力得到了培养	☆ ☆ ☆ ☆ ☆

［设计者：徐杰 / 深圳市福田区荔园小学（荔园教育集团）百花校区］

校园内外的大事小情
——百分数的认识

作业目标

- 结合学生生活实际情境，加深对百分数的认识和理解。
- 熟练掌握百分数与分数、小数的互化。
- 感受百分数在生活中的广泛应用，鼓励学生在生活中继续探索有关百分数的相关应用，从而激发学生的数学学习兴趣。

作业属性

作业类型 ✎

书面作业 ☑   非书面作业 □   课时作业 □   单元作业 ☑

作业功能 ✎

课前预习 □   课堂练习 ☑   课后复习 ☑   单元复习 ☑

适用学段 ✎

义务教育第三学段（5~6年级）

设计内容和思路

设计内容

作业 1　校内新闻

1. 明德实验学校课后社团活动丰富多彩，吸引了同学们的踊跃参加。据了解，2022 年，该校课后社团纳新，共收到 270 名同学的报名申请，占全校总人数的 30%，学校共有_____名同学。报名的同学中仅 108 名同学成功加入社团，本次社团的纳新率是_____。

> **设计意图**
>
> 　　本作业以"学生校园生活的'社团纳新'"为素材，在练习的过程中，学生通过寻找数量关系求解全校人数，加深对百分数的理解。利用参与人数和纳新成功人数，让学生们认识到纳新率的具体含义，进一步加深对百分数的认识和理解。
>
> **核心素养**
>
> 数感　应用意识

2. 秋季运动会是学生们最喜爱的活动之一。在本次秋季运动会上，六（3）班的运动健儿努力拼搏，共获得六年级比赛项目 45 枚奖牌中的 40%，同时获得的奖牌中有 50% 是金牌。请问本次运动会六（3）班获得多少枚奖牌，其中金牌有几枚？（用方程解决问题）

> 甜甜，咱们班也太厉害了，有一半的金牌都被咱们班给拿了。

> 鹏鹏，咱们班获得的金牌是占咱们班级获得奖牌数的 50%，你可别搞错了。

设计意图

本作业以"学生熟悉的学校运动会"为素材,在练习的过程中,学生通过阅读理解"六年级奖牌总数""六(3)班获得奖牌数"和"六(3)班获得奖牌占比"三者之间的关系,进而列出等量关系式,并据此列出方程。这一过程旨在培养学生利用方程解决与百分数相关的实际问题的能力。

核心素养

模型意识　应用意识

3. 学校准备借"双十一"机会为同学们购进一批学具。某家商铺推出了以下促销活动:

(1)购物满 500 元可以在原价基础上优惠 20%。

(2)实际付款超过 1000 元,可以在此基础上再打 9 折。

学校打算买一批价值 1800 元的学具,请问在"双十一"时购买的这批学具实际花费多少钱?优惠了多少钱?

设计意图

本作业以"日常生活中的'双十一'活动"为素材,通过学校采购学具这一生活情境,学生进一步体会百分数在生活中的应用。

核心素养

运算能力　应用意识

4. 科学课上,乐乐准备向一杯装有 100g、浓度是 10% 的盐水中加入水来稀释盐水的浓度。乐乐向烧杯中加入水后,盐水的浓度变成了 5%,你知道乐乐加了多少克水吗?现在烧杯中有多少克水?

浓度计算公式是:$\dfrac{溶质质量}{溶液质量} \times 100\%$,其中,溶液质量=溶质质量+溶剂质量。

本作业以"学生们喜欢的科学实验"为素材，旨在考查学生对盐水浓度概念的理解。在练习的过程中，学生通过阅读分析出盐水稀释问题中的不变量，并利用这一不变量来解决百分数的实际问题。

核心素养

模型意识　应用意识

作业 2　社会百态

1. 在 2024 年巴黎夏季奥运会的赛场上，我国体育代表团收获 91 枚奖牌，其中金牌 40 枚，约占获得奖牌总数的 44%，创造了境外参赛历史最好成绩。作为一名中国人，看到这样的奥运成绩想必一定非常骄傲，那么你是怎么理解 44% 的？

设计意图

本作业以"2024 年巴黎夏季奥运会"为素材。在练习的过程中，学生通过对我国代表队获得奖牌情况这一真实情境的分析，既增强了民族自豪感，又感受到获得金牌数与获得奖牌总数之间的关系，加深学生对百分数的认识。

核心素养

数感　应用意识

2. 目前深圳市共有 10 个区，分为行政区（福田区、罗湖区、南山区、宝安区、盐田区、龙岗区、龙华区、光明区、坪山区）和功能区（大鹏新区）。其中行政区占全市所有区的_____（填分数）= _____（填小数）= _____（填百分数）。

设计意图

本作业以"学生居住地——深圳市行政区和功能区"为素材，在练习的过程中，学生通过寻找行政区数与全市总区数之间的关系，掌握百分数与分数、小数之间的互化。

核心素养

运算能力

设计思路

　　这是一份书面型单元练习作业，适用于课堂练习、课后复习和单元复习。作业的设计紧密围绕百分数的相关知识点开展，由易到难。为有效落实"双减"要求，作业采取分层设计的模式。作业内容包含"校内新闻"和"社会百态"两部分。这两部分内容是针对北师大版《数学　六年级　上册》第四单元"百分数"所需掌握的基础能力展开设计的，预计大约75%的学生可以完成全部的内容，其余的25%的学生可能对百分数的某些知识点存在理解困难的情况，只能完成部分练习。

进一步思考

　　老师们还可以结合自己校园内的近期活动（如数学周、科创节等）或者热点时事新闻（如"国潮热"、感动中国人物等）以学生们真实的生活事件为背景，展开设计，这样更能拉近练习与学生之间的距离。

评价标准和方式

评价标准

参考答案

✔ **作业1**

1. 900　40%

2. 解：设本次运动会六（3）班获得奖牌 x 枚，获得金牌 $50\% x$ 枚。

$$x \div 40\% = 45$$
$$x = 45 \times 40\%$$
$$x = 18$$
$$50\% x = 50\% \times 18 = 9（枚）$$

答：六（3）班本次运动会获得奖牌 18 枚，其中有 9 枚金牌。

3. $1800 \times （1-20\%）=1440$（元）

　　$1440 \times 90\%=1296$（元）

　　$1800-1296=504$（元）

　　答：实际花费 1296 元，优惠了 504 元。

4. $100 \times 10\%=10$（g）

　　$10 \div 5\%=200$（g）

　　$200-100=100$（g）

　　$200-10=190$（g）

　　答：乐乐加了 100g 水，现在烧杯中有水 190g。

✔ **作业 2**

1. 我国代表队每获得 100 枚奖牌中大约有 44 枚是金牌。

2. $\dfrac{9}{10}$　　0.9　　90%

评价方式

请在表 3-33 中对你在这次作业练习中的表现进行评价（把每项后面的 ☆ 涂上颜色，涂满 5 个为做得最好）。

表 3-33

学生自评	
评价内容	评价之星
1. 我知道什么是百分数、纳新率和盐水浓度	☆ ☆ ☆ ☆ ☆
2. 我会百分数与分数、小数之间的互化	☆ ☆ ☆ ☆ ☆
3. 我能用列方程解决百分数应用题	☆ ☆ ☆ ☆ ☆
4. 我能主动解决完成作业过程中遇到的问题	☆ ☆ ☆ ☆ ☆

［设计者：关昌锐 / 深圳市明德实验学校（集团）碧海校区］

生活中的百分数
——百分数的认识课时作业

26

作业目标

- 通过单元作业练习，进一步帮助学生巩固对百分数意义的理解，并掌握百分数的读法和写法。同时，让学生进一步体会百分数在实际生活、生产中的广泛应用。
- 通过练习，培养学生搜集信息的能力，并运用百分数分析和解决一些实际问题，让学生在亲历数学实践活动的过程中，激发数学学习的兴趣和求知欲。

作业属性

作业类型

书面作业 ☑   非书面作业 ☑   课时作业 ☑   单元作业 ☐

作业功能

课前预习 ☐   课堂练习 ☑   课后复习 ☑   单元复习 ☐

适用学段

义务教育第三学段（5~6年级）

设计内容和思路

设计内容

作业1 **读一读**

读出下面的百分数。

1. 空气中的氧气约占 21%。(　　　　　　)

2. 根据 2019 年生态环境部公布的数据,自 1956 年以来,我国已经建立了 2750 个自然保护区,总面积约 147 万平方千米,约占我国陆地国土面积的 15%。(　　　　　　)

3. 豌豆是高蛋白食物,其蛋白质含量约为 24.6%。(　　　　　　)

> **设计意图**
>
> 掌握百分数读法,能够正确读出百分数。
>
> **核心素养**
>
> 数感　应用意识

作业2 **写一写**

写出下面的百分数。

1.

 今天学校出勤学生数占全校学生总数的百分之九十八。

(　　　　　　)

2.

 鹏鹏,文件传给我了吗?

已经传了百分之十二点五了。

(　　　　　　)

作业3　涂一涂

在下方方格纸中涂一涂，使涂色部分占整幅图的 34%（要求是一个轴对称图形）。

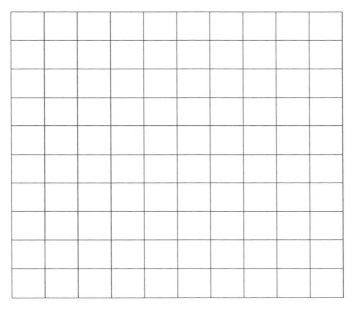

作业4　辨一辨

你认为表3-34中几号杯的糖水最甜？为什么？

表 3-34

1 号杯	2 号杯	3 号杯
糖水 20g 糖 7g	糖水 50g 糖 13g	糖水 25g 糖 9g

设计意图

本作业设计了一个贴近生活的实际问题，鼓励学生主动尝试从数学的角度运用所学知识和方法对实际问题进行分析和求解。在练习的过程中，学生通过思考几号杯的糖水最甜，进一步发展他们的应用意识。

核心素养

运算能力　应用意识

作业 5 　搜一搜

寻找生活中的百分数，并将其记录下来，制作成一张书签。

书签制作小贴士

1. 书签有正反两面，一面记录生活中蕴含的百分数的信息，另一面可以绘制漂亮的图案。

2. 书签要求用硬卡纸制作。

3. 在书签上写上自己的名字，跟同学互赠书签，并交流学习心得。

设计思路

此份作业适用于学生在学习完北师大版《数学　六年级　上册》第四单元"百分数"之后的练习。整份作业除了作业 5 之外均为书面作业，预计学生可在 15 分钟内完成。其中，作业 1、2、3 属于对基础知识的考查；作业 4 属于综合运用的提升题目，需要学生稍加思考，运用数学知识进行解答；作业 5 是一道拓展题目，将数学与美术手工相结合，学生在制作书签的过程中，查阅生活中的百分数信息，并通过交换书签的方式进一步积累丰富的百分数信息。整份作业加深了学生对百分数在生活中有着广泛应用的体验和认识。

进一步思考

老师们还可以组织开展一些寻找生活中的百分数的数学实践活动。例如，矿泉水中各种物质的百分数占比、近视率等。

评价标准和方式

评价标准

参考答案

✔ **作业 1**

1. 百分之二十一　　2. 百分之十五　　3. 百分之二十四点六

✔ **作业 2**

1. 98%　　2. 12.5%

✔ **作业 3**

略。（提示：涂色部分占 34 个格子，但不是轴对称图形不能算对）

✔ **作业 4**

1 号杯：$7 \div 20 = 35\%$；2 号杯：$13 \div 50 = 26\%$；3 号杯：$9 \div 25 = 36\%$。

因为 $36\% > 35\% > 26\%$，所以 3 号杯的糖水最甜。

✔ **作业 5**

略。

评价方式

请在表 3–35 中对你在这次作业练习中的表现进行评价（把每项后面的 ☆ 涂上颜色，涂满 5 个为做得最好）。

表　3–35

学生自评	
评价内容	评价之星
1. 我知道什么是百分数	☆ ☆ ☆ ☆ ☆
2. 我会百分数的读法和写法	☆ ☆ ☆ ☆ ☆
3. 我能够用百分数的知识解决实际问题	☆ ☆ ☆ ☆ ☆
4. 我能主动解决完成作业过程中遇到的问题	☆ ☆ ☆ ☆ ☆
5. 这份作业对我来说（打"√"）	简单 □　　适中 □　　有挑战 □

［设计者：肖江平 / 深圳市福田区香港中文大学（深圳）附属天健小学］